恋するフレンチ・トースト

J'adore ,,,,
Pain Perdu.

魅惑のパン・ペルデュ

勝野雅奈恵
Kanae Katsuno

幻冬舎

パン・ペルデュ(フレンチ・トースト)の世界へようこそ!

今日も大好きな人を笑顔にしたくて、おいしいものを作ります。

きっと、昔々からキッチンに立つ人はみんなそんな想いを抱いていたんだろうな。

そこにあるもので、どうしたら“おいしい笑顔”を生み出すことができるのか、大切な人の心と身体《からだ》を満たすためには、どのようなおいしい魔法をかけようか、どんな努力も手間も惜しみなく、むしろ、食卓に座る大切な人のためにキッチンで過ごす時間が愛おしく、そんな自分がちょっぴり好きになれたんだろうな。

お気に入りのエプロンのリボンをキュッと結び、ルンルンな音楽をチョイス。

鼻歌まじりにステップを踏みながらキッチンに入っていく。パンとミルク、バターを並べる。

「さてと、パン・ペルデュを作りますか!」

どうしたら“おいしい笑顔”を生み出すことができるか、皆さんの大切な人の心と身体を満たすためには、このパンにどんな魔法をかけようか。家族、友の支えに感謝しながらキッチンに立つ日々。いつの間にかパン・ペルデュの魅力的な可能性に夢中になっていました。あれ? おいしい魔法をかけるつもりが魔法にかかってしまった私。

「自分を愛せる女性になりなさい」

幼い頃、両親が言っていた言葉。パン・ペルデュに恋をして、自分を愛せる女性にまた一歩近づけたかしら。

この本を手にされた方もまた、大切な人を“おいしい魔法”で満たすことでしょう。でも気をつけて。おいしい魔法をかけるつもりがパン・ペルデュの魅力的な魔法にかかっちゃうかも。安心して、それはいい魔法、あなたもきっとパン・ペルデュに恋をして自分のこと、またちょっぴり好きになるのだろうから。

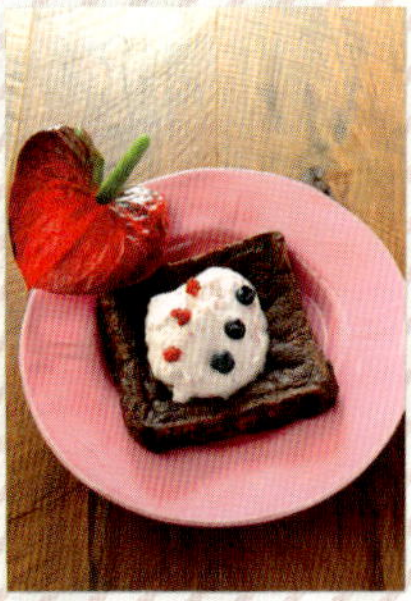

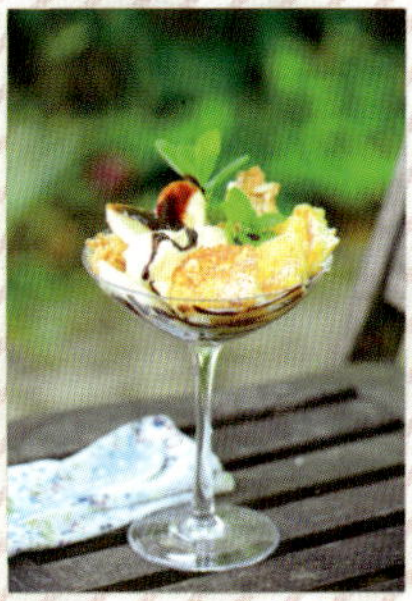

装幀・本文デザイン　石川直美（カメガイ・デザイン・オフィス）
撮影　押山智良
本文写真　P.15 ©sai-Fotolia.com
P.35、36 ©volod2943-Fotolia.com
本文イラスト　川上志保
料理スタイリング協力　江口恵子
撮影協力　こむぎ
殿場市新橋1917-3　電話 0550-83-8837
ル・クルーゼ
カスタマーダイヤル 03-3585-0198 www.lecreuset.co.jp
編集協力　（株）トプコ
編集　福島広司　鈴木恵美（幻冬舎）

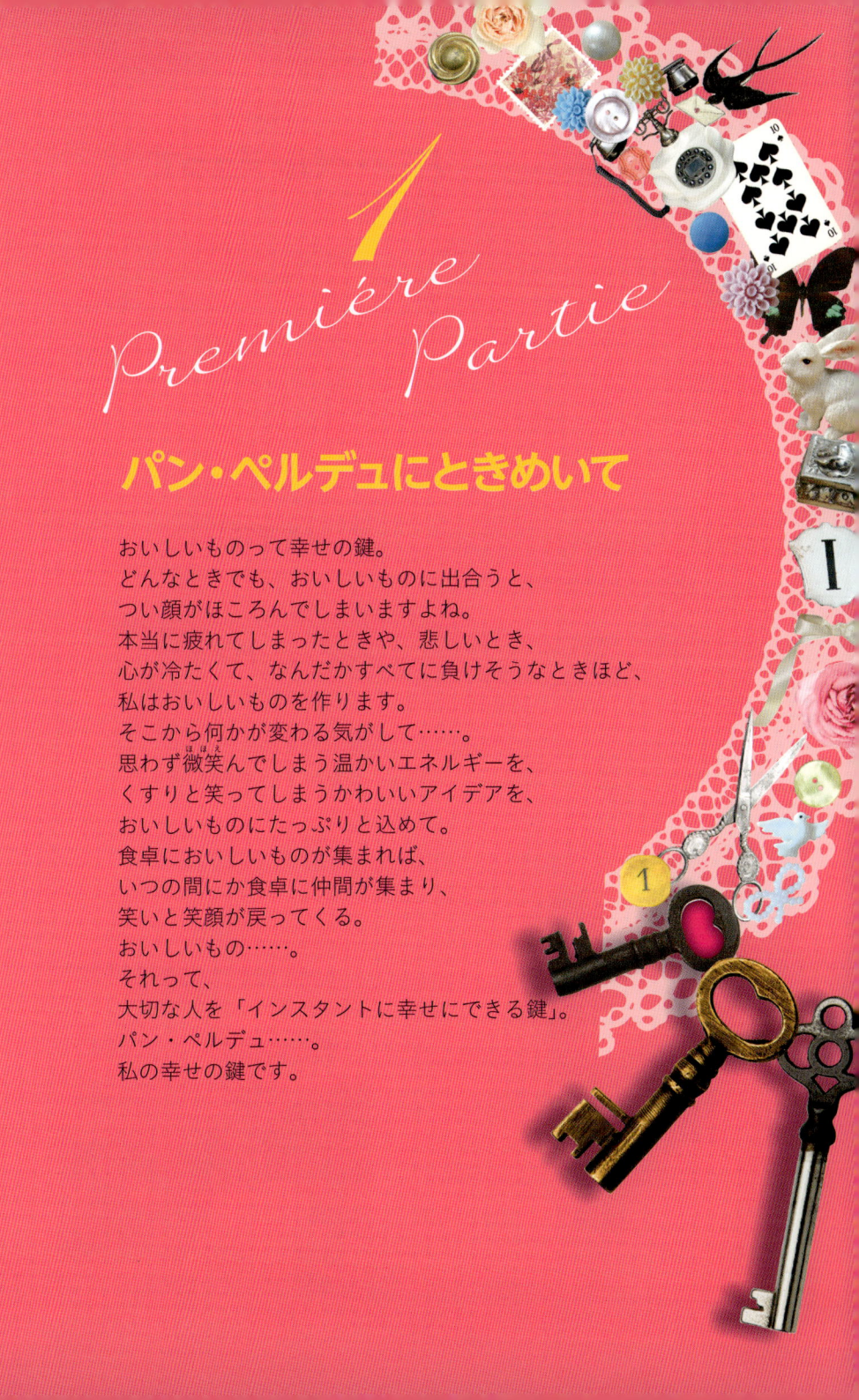

1 Premiére Partie

パン・ペルデュにときめいて

おいしいものって幸せの鍵。
どんなときでも、おいしいものに出合うと、
つい顔がほころんでしまいますよね。
本当に疲れてしまったときや、悲しいとき、
心が冷たくて、なんだかすべてに負けそうなときほど、
私はおいしいものを作ります。
そこから何かが変わる気がして……。
思わず微笑《ほほえ》んでしまう温かいエネルギーを、
くすりと笑ってしまうかわいいアイデアを、
おいしいものにたっぷりと込めて。
食卓においしいものが集まれば、
いつの間にか食卓に仲間が集まり、
笑いと笑顔が戻ってくる。
おいしいもの……。
それって、
大切な人を「インスタントに幸せにできる鍵」。
パン・ペルデュ……。
私の幸せの鍵です。

パン・ペルデュってなあに?

パン・ペルデュとはパンを牛乳と卵に浸してバターで焼く、あの「フレンチ・トースト」のことです。フランス語で、PAIN PERDU。PAINは「パン」のこと。PERDUは「迷った」という意味。「パンが迷子??」と思ったあなた、このPAIN　PERDU　という言葉には、２つの意味があるのです。

1 パンが見えなくなるまで卵ミルク液に浸す! → **パンが迷子だ!!**

2 果たしてこれがただのパンだったのかわからないほどの変身ぶり!! → **パンが迷子だ!!**

今回は**2**の意味を重視して、古いパンを生まれ変わらせましょう！しかも、フレンチ・トーストの概念をくつがえすような、パンの変身ぶりを楽しめるパン・ペルデュならではのレシピを皆さんにご紹介します!!　とにかく冷蔵庫に眠っているものを取り出して、パン・ペルデュを作ってみましょう!! すぐにおいしいパン・ペルデュができ上がっちゃう方法も、大切な誰かさんにプレゼントできるおしゃれパン・ペルデュも伝授しちゃいますよ。さあ、今日からあなたもパンペラー!!!

よっしゃ!!!
やったるで〜!!(誰?)

SALÉとSUCRÉ

- SALÉ（サレ）……塩味の　　　塩はフランス語でSEL
- SUCRÉ（シュクレ）……甘い　　砂糖はフランス語でSUCRE

　今回は、「甘くないパン・ペルデュ」と「甘いパン・ペルデュ」とに、大きく2つに分けて皆さんにご紹介します。

　基本的な分量を掲載していますが、塩加減や甘みなどは、皆さんのお好みに合わせて調節してくださいね。

基本の材料

- 塩
- 砂糖
- オリーブオイルまたはバター
- 牛乳または豆乳
- バニラビーンズまたはバニラエッセンス
- パン
- 卵

基本の道具

- 耐熱容器
- ゴムべら
- フライ返し
- 泡だて器
- ボウル
- フライパンのふた
- ラップ
- 密封袋
- フライパン

パン・ペルデュの作り方

> パン・ペルデュの作り方はいたって簡単!
> ① 卵液とミルク(豆乳)液を混ぜて卵ミルク液を作る。
> ② 卵ミルク液をパンにしみ込ませる。
> ③ フライパンで焼く。

方程式にしてみました。

卵液 ＋ ミルク(豆乳)液 ＝ 卵ミルク(豆乳)液

卵ミルク(豆乳)液 ＋ 古いパン ＝ パン・ペルデュ!!

❶ 卵ミルク液を作る

> まずは卵ミルク液を作ります。

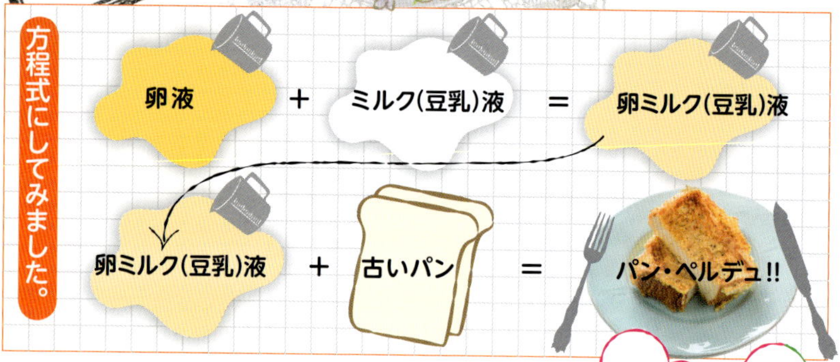

1. 卵をボウルに割り入れ、よく溶く。

2. 牛乳(または豆乳)と砂糖、塩は電子レンジ対応の容器に入れ、600Wで1分ほど加熱(こうすると溶けやすい)してからよく混ぜる。

3. 1に2を加え、手早く混ぜる。これが基本。ここに様々な味をつけたり、食材を追加することでアレンジします。

❷ 卵ミルク液をパンにしみ込ませる

　パン・ペルデュにしっかり卵ミルク液をしみ込ませることによって、ふわっふわっなパン・ペルデュに仕上がります。ならば、卵ミルク液をしっかりしみ込ませたい！　ですよね〜。その方法は、

●パンを密閉できる袋に入れ、卵ミルク液を注ぐ。冷蔵庫で途中ひっくり返しながら20分から一晩寝かせる。これだけ。

ただし、パンの種類によってつける時間が異なります。食パンや、デニッシュなどのやわらかいパンは1時間程で充分。バゲットやマフィンなどは、切り込みを入れて一晩おいた方がいいでしょう。とてもおいしいふわふわ感になります。どちらも途中、ひっくり返すことにより、むらなく仕上がりますよ。

●電子レンジを使って卵ミルク液をパンにしみ込ませる

やだ〜。すぐ食べたいの〜。

と思ったあなたのために、はい！

特別な方法を伝授しましょう!!

実は、電子レンジで加熱することにより、なんと1分で完全に卵ミルク液をしみ込ませることができるのです!!

やっほ〜い!!

1. 電子レンジで加熱できるタイプの密封袋にパンと卵ミルク液を入れ、少しだけ口をあけておく。または、耐熱容器にパンを入れ、卵ミルク液をかけ、ラップで空気を抜きながらカバーする。

2. 600Wで30秒加熱。パンをひっくり返し、さらに30秒加熱する。

これだけで、充分卵ミルク液を吸ってくれます。

ただし、バゲットやイングリッシュマフィン、ベーグルなど、かためのパンは電子レンジで加熱すると、液がしみ込む前に卵が固まってしまうことがあります。ハードタイプのパンは冷蔵庫で一晩寝かせることをおすすめします。

また、ブリオッシュなどのやわらかいパンは溶けてしまうことがあるのでこれも不向きです。この間「甘食」でチャレンジしてみたところ、溶けてなくなってしまいました。。。。失敗は成功のもと。

めげない!! 私!!

パン・ペルデュを焼く

ふわっふわっに焼くためには、フライパンのふたを使って蒸し焼きにします。

1. フライパンにオリーブオイルまたはバターを溶かす。
2. 火加減は弱火〜中火に設定。
3. 卵ミルク液が充分にしみ込んだパンをフライパンにそっとのせ、ふたをして３分は触らない。
4. ３分たったら、フライ返しで焦げ目をチェック。ここでお好みの焦げ目まで焼きましょう。
5. よければひっくり返し、ふたをし、さらに３分は触らない。
6. ふたを取って、焦げ目がよければ、でき上がり!!!!

残った卵ミルク液はパン・ペルデュを焼いた後のフライパンで、卵焼きにしてパン・ペルデュに添えてもいいし、ご飯にのせてもおいしいですよ！
（107ページ参照）

パンのお話

基本的には食パンとバゲットを中心としたパンを使いますが、もちろん買いすぎて残ってしまった様々なパンでアレンジしてみても大丈夫。パン・ペルデュには特に決まりはありません。何でもあり!!　チャレンジを楽しんで！

パンは焼きたてが一番おいしいに決まっています。できれば買ったその日に食べてしまいたいもの。でも残ってしまったら、パン・ペルデュにする楽しみがあります！

特にバゲットのおいしさの賞味期限は１日です。残ってしまったらその日のうちに卵ミルク液につけておけば、翌日のおいしい朝食になりますよ。

トッピング

パン・ペルデュのトッピングはフルーツやクリーム、チョコレート、ジャムはもちろん、チーズや野菜、ハムなどなど……。ここでもやっぱり、何でもあり！チャレンジを楽しむ！　そうすれば、あなただけのパン・ペルデュが見つかるはず。私のパン・ペルデュ？ええ、見つかりましたよ！　さ、ページをめくって！お見せしましょう♥

パン・ペルデュを作る意気込み……

変わることを恐れない！　だって、チェンジは発見のチャンス!!
そうは言っても冷蔵庫で４日保存されてぽそぽそ。。。。
以前のように焼きたてとは程遠い風味。
訪れてくる変化が全く怖くないわけではない。
やがて来る変化をびくびく待っているくらいなら、
自分から変わってやるわよ!!
自分から枠を作らず、できることはとことんできるうちにやる。
誰もが驚く奇想天外な組み合わせだってしてみちゃう。
食材と出合ったならとことん研究して、その食材を使ってみる。
感じるままに作ってみる。
チャレンジしないで後悔するなら、チャレンジしてみて、
その後で後悔すればいい。
怖がるのはもうやめて、そこに材料があるならば、
とにかくなんだって調理してみる！
自信をもって、胸を張って、
せいいっぱいやったチャレンジに誇りを持てばいい。

Love
Pain
Perdu

　チェンジはチャンス！　変化を恐れない意気込みが、冷蔵庫で眠る古いパンをおいしいパン・ペルデュに変身させるたびに強くなっていきます。この本を作っているうちに、今の私が、思いがけない変身を遂げるパン・ペルデュに夢中なのが何故なのかが、自分でも少しわかった気がします。

　料理するたびに、自信がついていきます。料理する人もしてもらう人も元気になって幸せになって、満たされる。料理ってまるで魔法。思い立ったら誰でも使える魔法です。。。。。

2
Deuxième Partie

あま〜いパン・ペルデュ♥

自分へのご褒美に作るのもよし！　大切な人のために作るのもよし！
なんでもない日だけど、ゆっくりした朝に作るのもよし！
そんな、甘いフレンチ・トースト。
まずは、かわいいエプロンを身につけて、自信を持ってキッチンに立って。
キッチンに立つあなたはとてもかわいいスウィーツ女子。
そんなに難しくないから大丈夫。
シロップ、クリーム、チョコレート。
季節のフルーツにナッツのアクセント。
キッチンに幸せな甘い香りが漂えば、
ね、思わず微笑んでしまうでしょ？
そうそう、その調子。
パンに甘〜い魔法をかけましょう。
そうすればほら、まるでケーキのような
パン・ペルデュのでき上がり。
それは、あなたしか作れない幸せの味。
「女の子は甘いものが大好き」。うん、そのとおり！
だけど本当のことを言うと、
恋もスウィーツも甘いだけじゃだめなのよね。
アクセントがとても大事。
そんな魅惑的なわがままちゃんのための
甘〜いパン・ペルデュ。
目にも心にもお腹《なか》にもおいしい、
スウィートな、
でも甘いだけじゃないレシピたちの
お出ましです（拍手）。

シンプル・シュクレ・パン・ペルデュ

Simple Sucré

YUMMY YUMMY

あま〜い
パン・ペルデュの基本。

材料
(2人前)

食パン　2枚（6枚切り）
卵ミルク液
　卵・2個／バニラビーンズ・1本／牛乳・100ml
　砂糖・大さじ2／塩・少々
バター　適量

作り方

卵ミルク液を作る

1. 卵をボウルに割り入れ、よく溶く。

2. バニラビーンズの種をさやから出して牛乳に入れ、砂糖、塩を加えてよく混ぜる。電子レンジ対応の容器に入れ、600Wで1分程加熱し（こうすると溶けやすい）、さらに泡だて器でよく混ぜる。

3. 1に2を加え、泡だて器で手早く混ぜる。

パンに卵ミルク液をしみ込ませる❶

パンを密封できる袋に入れ、卵ミルク液を注ぎ、空気を抜きながら密封する。冷蔵庫で20分〜一晩寝かせる。

パンに卵ミルク液をしみ込ませる❷ 〈電子レンジを使う時短法〉

卵ミルク液を耐熱容器に入れ、パンの両面を卵ミルク液につけてラップをし、空気をできるだけ抜く。600Wで30秒加熱。パンをひっくり返し、さらに30秒加熱。

焼く

1. フライパンにバターを入れ、火加減は弱火〜中火に設定し、パンを溶けたバターの上に、崩さないようにそっと置く。

2. ふたをして、3分は触らない！　ひっくり返し、ふたをしてさらに3分加熱する。両面にきれいな焼き色がついたらでき上がり。

Kanae Point

ふたをして3分待つのが大切。そうすると全体にむらがなくふわっと仕上がりますよ。お好みのソースをかけたり、フルーツをのせたりして、様々なレシピと共にお試しあれ!! さあ、あなたのパン・ペルデュ・ライフの始まり始まり〜〜!!

バニラビーンズの残ったさやはソースや洋酒などに入れておくといいですよ。私はラム酒に入れて、ソースやお菓子などに使っています。

メープル・メープル

Sirop d'érable

メープルシロップとバターに塩を利かせて、甘いだけの女じゃないのよ。

材料
（2人前）

食パン　2枚（4枚切り）

メープル卵ミルク液
卵・2個／牛乳・100ml／メープルシロップ・大さじ2／塩・適量

メープルシロップ
大さじ2

バター　10g

トッピング
（お好みで）
アーモンドスライスのプラリネ（104ページ参照）を添えたり、メープルシロップをかける。

作り方

1. メープル卵ミルク液を作る。
ボウルに卵を割り入れ、溶いておく。耐熱容器に牛乳、メープルシロップ、塩を入れ、電子レンジ600Wで1分加熱し、よく混ぜ、卵を溶いたボウルの中に入れ、手早くかき混ぜる。

2. 1をパンにしみ込ませる（17ページ参照）。

3. フライパンにメープルシロップを入れ、強火でシロップが沸騰するまで加熱する。バターを加えて溶かし、中火〜弱火にして、パンを入れる。ふたをして3分焼き、ひっくり返してさらに3分ふたをして焼く。

4. ふたを取って水分がなくなるまで強火でメープルバターを絡める。

Kanae Point

メープルシロップは比較的焦げやすいので、
気をつけて焼いてくださいね。
パンの耳がかりっとして、冷めてもおいしい一品です。
お好きなトッピングで召し上がれ。
さらに、メープルシロップをた〜〜っぷりかけたら、思わずいい笑顔。

Le beurre au miel

蜂蜜パン・ペルデュ。あなたのHONEYの心をGET!!

さあ！冷蔵庫の中をのぞいてみて!! パン、卵、牛乳、、、今すぐ!! おいしい幸せを作ることができるかも?!

ハニー・MY SWEET HONEY

材料
（1人前）

食パン　2枚（6枚切り）
蜂蜜卵ミルク液
　卵・2個／牛乳・100ml／蜂蜜・20ｇ／塩・適量
蜂蜜　20ｇ（焼く工程で使用）
バター　適量
蜂蜜クリーム
　蜂蜜・20ｇ／クリームチーズ・40ｇ
ベーコン　4枚

トッピング
冷凍フランボワーズ、ブルーベリーなど。

作り方

1. 卵をボウルに割り入れ溶いておく。

2. 卵以外の蜂蜜卵ミルク液用の材料を耐熱容器に入れ、電子レンジ600Ｗで1分温める。

3. **1**に**2**を流し入れ、すぐに混ぜ合わせる。

4. パンは耳を切り落とし、半分に切り、**3**をしみ込ませる（17ページ参照）。もしくは、電子レンジを使ってしみ込ませる（17ページ〈電子レンジを使う時短法〉参照）。パンの耳はクルトン（112ページ参照）になるので、冷凍して取っておくといい。

5. フライパンに蜂蜜を入れ中火〜弱火にし、バターを入れる。バターが溶けたら、**4**のパンを取り出し、フライパンにそっと置く。ふたをして3分焼き、ひっくり返して、さらに3分焼く。
いい焦げ目がついたらでき上がり。

6. 蜂蜜とクリームチーズを混ぜ合わせる。

7. ベーコンをフライパンで焼いて、**5**と一緒に皿に盛る。**6**を添えて、果物などを飾る。

蜂蜜クリームは
簡単すぎる
胸きゅんなレシピ。

材料
（2人前）

デニッシュもしくは食パン　２枚（6 枚切り）

タルト・タタンのりんご

砂糖・100g ／シナモンスティック・２本／バター・60g ／
紅玉・１個（3mm 厚さくらいにスライス）
（なければ、別のりんごで代用しますが、その場合はレモン汁を多めに）
／塩・ひとつまみ／バニラエッセンス・適量／
レモン汁（お好みで）・小さじ１～２

りんごキャラメル卵ミルク液

卵・２個／砂糖・大さじ１／牛乳・100ml ／
りんごキャラメルソース（タルト・タタンの煮汁）／
生クリーム・50ml

バター　適量

タルト・タタン風りんごのキャラメル焼き

Tarte Tatin

パリっ娘の
大好物、
フランス・ママン
の味!!

作り方

1. フライパンに砂糖を入れて火をつける。まわりが液化してきたら、木べらで混ぜる。すべてが液化したら、シナモンスティックを入れ、砂糖液がきつね色になったらバターを加える。バターが溶けたら火を止め、余熱で濃い茶色になるまで混ぜる。

あら！　不思議!!
まわりから液化していきます。

これがキャラメリゼ!!
しっかり茶色をつけないと、ぼやけた味になってしまいます。
でも、焦げないように。とても高温です。
キャラメルは勝手に色づいていくので火を止めましょう。
やけどに要注意!!

次のページへ続く!

2. 皮ごとスライスしたりんごを加え、再び中火にかける。2 分ほどして、きつね色になったら弱火にし、ふたをして20分程煮詰める。

この 20 分が大事。
味が良くなります。

3. 味見をしながら塩を入れ、バニラエッセンスを加える。
りんごによって、必要ならば、レモン汁を加え火を止める。

とっても大事！
味つけです！

4. りんごとシナモンをオーブンシートの上に取り出しておく。

5. フライパンに残ったりんごキャラメルソースをざるで漉《こ》して再びフライパンに戻し、濃い色のキャラメルになるまで煮詰める。

ざるで漉すところに
愛情の一手間!!

6. ボウルに卵を割り入れ、砂糖と牛乳、生クリームを加えて泡だて器で混ぜる。

7. 6に5のりんごキャラメルソースを入れる。このとき泡だて器でよく混ぜ、卵がかたまらないようにする。

8. パンを7に浸す。デニッシュの場合は密封できる袋に入れ、30 分冷蔵庫で寝かす。途中 15 分でひっくり返す。
食パンの場合は 1 時間、バゲットを使う場合は一晩浸す。
もしくは、電子レンジを使ってしみ込ませる（17 ページ〈電子レンジを使う時短法〉参照）。

9. フライパンにバターを溶かしパンを置く。3 分間ふたをして触らず、後はいい焼き色がつくまでひっくり返しながら弱火〜中火で焼く。

10. 9を皿に盛り、上にりんごのスライスを並べ、後はお好みでトッピングを楽しんで。

なあに？
これ？パン？
チーズケーキ？
チーズケーキ風味の
パンとレモンクリーム
にメロメロに
なっちゃう一品です。

レアチ!! Le gâteau au fromage frais

材料
（2人前）

レーズンデニッシュ（写真手前）　1枚（4枚切り）
（イングリッシュマフィンでもいい……写真奥）

卵ミルク液

卵・2個／砂糖・60g／牛乳・150ml
生クリーム・100ml／バニラビーンズ・1本／
クリームチーズ（常温でやわらかくしておく）・200g／
レモン汁・大さじ3〜4／
すりおろしたレモンの皮・適量

バター	適量
レモンクリーム（106ページ参照）	適量
いちご	3個

作り方

1. ボウルに卵を割り入れ、砂糖の半量を入れ、よく混ぜる。
2. 鍋に牛乳と生クリーム、バニラビーンズの種とさや（種を取り出したもの）を入れ、沸騰の直前まで火にかける。
3. 2をざるなどで漉しながら1の卵液に入れ、よく混ぜる。
4. 別のボウルにクリームチーズと砂糖の半量を入れ、砂糖がなじむまでよく混ぜる。
5. 3を少しずつ4に入れ、混ぜる。
6. 5をざるなどで漉し、レモン汁とすりおろしたレモンの皮を加えてさっと混ぜる。
7. 密封できる袋にレーズンデニッシュを入れ、6を注ぎ空気を抜き、冷蔵庫で30分寝かす。途中15分程でひっくり返す。もしくは、電子レンジを使ってしみ込ませる（17ページ〈電子レンジを使う時短法〉参照）。ただし、デニッシュの場合の加熱時間は表10秒、裏10秒程度で充分。
8. バターをフライパンに溶かし、7を焼く（17ページ参照）。
9. 皿に盛りつけ、レモンクリームをのせ、上にいちごを飾る。お好みですりおろしたライムの皮を散らしてもいい。

いちごのショートケーキ風

大好きな
誰かさんに
あげるパンペル・
ラブリーケーキ。

古いパンがこんなに
キュートに変身!!
かわいいあなたに
ぴったりね♥

Fraises avec Chantilly

材料 （いちごショート 1台分）

食パン　３枚（８枚切り）
卵ミルク液
　卵・２個／牛乳・100ml／コンデンスミルク・30g／
　塩・少々／バニラエッセンス・数滴
バター　10g
ホイップクリーム
　生クリーム・100ml／グラニュー糖・大さじ１弱／
　バニラエッセンス・数滴／キルシュ・お好みで 10 ～ 15ml
いちご　３～４個
いちごジャム　適量
殻なしピスタチオ　適量（刻んでおく）

作り方

1. 食パンをハート型（左右幅 10cm）で抜く。両面を色がつかない程度にさっと焼くと抜きやすい。

2. 卵をボウルに割り入れ、泡だて器でよく混ぜる。別の耐熱容器に牛乳、コンデンスミルク、塩、バニラエッセンスを入れ、電子レンジ 600W で１分加熱してからよく混ぜる。これを卵液に入れ、よく混ぜる。

3. 密封できる袋にパンを入れ、2を注ぎ空気を抜き、冷蔵庫で 40 分寝かす。途中 20 分程でひっくり返す。もしくは、電子レンジを使ってしみ込ませる（17 ページ〈電子レンジを使う時短法〉参照）。

4. フライパンにバターを溶かし、3を焼き（17ページ参照）、冷ましておく。

5. いちごは小さい三角に切っておく（右写真参照）。

6. 生クリームにグラニュー糖、バニラエッセンスを加え、泡だて器で泡だてる。六分だてくらいでキルシュを加え、さらに泡だて、九分だてにする。

7. 星型の金口を取りつけた絞り袋にゴムべらで6を入れ、4の１枚のパンの縁に絞り、中央にスプーンでいちごジャムをのせ、その上にもう１枚のパンをのせる。２段目も同じように作り、３段目はデコレーションする。最後にいちごとピスタチオを散らしてでき上がり。飾りにミントの葉をのせてもいい。

夢かなえ？
一人の女性への憧れ

「やらないで後悔するなら、やって後悔しなさい」
父はそう言っていました。女優になりたいと言ったとき。最初は反対したけど、最後はそう言って私の背中を押してくれました。その言葉がなかったら、何をするにも勇気が出せなかった私です。そして、その言葉がなかったら、パリでの生活も存在しなかったな。。。

女優として、そして女性として、すばらしい女優さんと共演した経験はまさに私にとって宝です。女優としての経験は、まるで学校で過ごす、学びの時間の結集です。ラッキーならば、私の知らない時代を輝いて、いろいろな経験をした先輩たちから、思わず身を乗り出してしまうようなお話を聞くことができます。

そして私は本当にラッキーだった。

私が出会った一人の女優さんは、とても美しいたたずまい。思わず人をひきつけるような魅力の持ち主なのに、茶目っ気たっぷりに、時には、ちょっと意地悪そうな魅惑的な表情で、ドキンとさせることを言う。近づきたいのに近づけない。触りたいのに触れない。

まるで、棘《とげ》を持つ美しい花のような女性です。

長屋の家族と周りの人々の人情を描いた映画で、ラッキーな田舎娘は、この女性の娘役に大抜擢されたのでした。

最初に彼女が発した一言は、
「あら、貧乏長屋の娘なのにあなたとても健康そう」
その時は気づかなかったけど、よく考えたらMissぽっちゃりの私に対する気のきいた言葉です。私はというと、すっかりこの気持ちよいほど歯にきぬ着せぬものいいをする女性の虜になってしまいました。
「はい！　私、とても力持ちで健康です!!」
それからというもの、私はまるでこの女性に恋してしまったかのように、ずっと彼女の姿を目で追い、彼女が話を始めればまっすぐ彼女を見つめて、その映画の撮影期間中ずっとそばを離れませんでした。それは、まるで本物の母娘のようにそのまま映画に残っています。ただただ、貧乏長屋のぽっちゃり娘な私ですが（根に持つタイプ？）。

今でも思い出すのは、「ガンガン」という京都のスタジオの寒さをしのぐために火を焚《た》くドラム缶に、お芋を入れて、それを出演者みんなで囲み、よく話をした撮影の待ち時間。彼女が話を始めると、私は大好きなほくほく焼き芋を食べようとしていた手さえ止めて聞き入っていました。

スター全盛期、一番忙しいときに、単身フランスはパリに行かれたこと。パリでの恋、結婚。出産。夢のような話を私はまるで一枚一枚写真を見せてもらっているかのように聞かせていただきました。この女性への、パリの街への憧れで痛いほど胸がいっぱいになったのを覚えています。

そのとき、19歳の私は一つ夢を見たのです。

「いつか、この女性のように強く美しくなって、いつか、彼女のような勇気を伴った自信を持ったときに、パリへ行こう。そして、この方のパリのお宅を訪ねよう。昼下がりに一緒にお茶をいただきながら、またこの方のお話を聞くんだ」

このときに夢見た一つの決心は、それから10年後に、19歳の田舎娘が29歳になったとき、実現したのでした。

少し日が長くなったパリで、自分で焼いたシトロンケーキを大事に抱えて、彼女の住むお宅まで私の住んでいたサン・ポールからポン・マリの橋を渡ったのでした。あまりにご機嫌で、すれ違う人に微笑みかけ、通りがかったカフェのギャルソンには「BONJOUR!（こんにちは！）」。。。

この女性との出会いこそが、パリと私との出合いにつながっていったのです。

『かあちゃん』（2001年市川崑監督作品）の1シーン
左・岸惠子さん　右・雅奈恵
©日活・イマジカ・シナノ企画

パリと私との出合い

それは私が27歳のとき。空港に降り立った私は、なんとも言えないこの国の独特な香りを全身でいっぱいに吸い込みました。まっすぐ、覚悟を決めた足取りで。入国審査の少し不機嫌そうなお兄さんにパスポートを手渡し、とびっきりの笑顔で自分でも驚くほどの大きな声で、はっきりと、この国の言葉を発しました。

「BONJOUR!（こんにちは！）」

目的は本当においしいフランス料理を、憧れのリッツホテル内の学校「エコール・ド・リッツ・エスコフィエ」で学ぶこと。入学条件は英語、もしくはフランス語を流暢《りゅうちょう》に話せること。。。フランス語は言うまでもなく、お世辞でも私の英語はイケテルとは、言えません。「通じればいい、適当英語」。でも、一歩踏み出さなくてはいけなかった。勇気を出さなければならなかった。私は人生の起点に立っていたのです。

「パリに料理の修業に行きます」。そう聞いて驚かない人はいませんでした。30歳手前。これからの自分を意識する年齢。私は自由に好きな仕事をし、家族と共に充実した日々を過ごしていました。そんな矢先、急に姉を病気で亡くしました。ただならぬ悲しみに、家族は皆、心から笑うことを忘れてしまいました。でも、お腹ってすくんですね。最初の頃は、家族そろって姉の好きなものばかり食べていました。日常の時間は知らぬ間に、機械的に過ぎていき、みんなで食卓を囲んでいるときだけ、おいしくて、温かいものをいただいてるときだけ、心が満たされて気づけばそこには笑顔が戻っていました。その、笑顔を見て、思ったのです。「おいしいものをいっぱい作りたい」。そして、その直後に思ったのです。「そうだ。パリへ行こう」。今ここで、夢を実現させなくちゃ。幸せな時間はずっとは続かないものだと思い知った。だったら、自分で幸せな時間を作ってやる。起こり得ぬ、まさに青天の霹靂《へきれき》の出来事が起きた夏。秋には決心をし、その年の冬にはパリに住み始めていました。

なんて、格好いいことを言って、弟の部屋での居候さんだけど（照。。）。

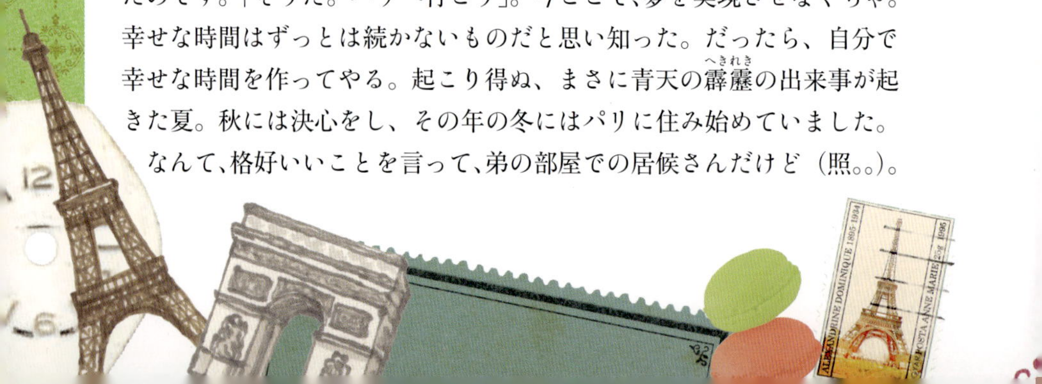

ピンチはチャンス!

「ピンチはチャンス！」。姉と結婚したお兄さん（つまり、義理の兄）はいつもそう言って私を励ましてくれてます。

ダンサーとして活躍している彼は、

「つらいときが、チャンスだから！　本当にいい筋肉ができるのは、もう絶対無理！　って思った後のトレーニングだからね！」

と、何事も筋肉のでき方にたとえて、私を励ましてくれます。妙に納得してしまう。

思えば、私のパリでの生活は、ピンチの連続でした。

まずは、言葉がわからない。言葉の壁ですね。でも、そんなものは覚悟していました。そこで悩むんだったら、言葉を勉強してから旅立てばいい。私は、言葉や国境の壁を越えて、人と人はつながることはできるのかを自分の身をもって試してみたかったのです。

結果から言うと、できる！　恥ずかしがらず、ありったけの覚えた言葉と、なんだかへんてこなジェスチャーを使ってパリジャンに伝えようとすると、困った顔はするものの一所懸命にわかってくれようとしてくれますよ。

ただ、一番最初に覚えた言葉は「Oui!　Chef!（はい！　シェフ！）」だった私。

大好きだったドラマの影響です。わかってもいないのに、フランス人のシェフに何か言われると、つい、元気よく！　誰よりも先にそう言ってしまう。結果、野菜貯蔵庫に何かを取りに行って、すぐに戻らなくてはならないのに、寒い貯蔵庫でカタカタ震えながら、はたしてシェフは何が必要なのか、何を持ってくるよ

うに頼まれたのか、必死に考えなくてはならない状況に陥ってしまったのです。そんなときは、心細い自分を魔法の言葉で励ましたものです。

「ピンチはチャンス！　ピンチはチャンス！」

一度、鍋を持ってくるように頼まれたときに、お玉を持っていって、シェフを唖然とさせてしまったこともあります。あるときは、片っ端から使うであろう野菜を持っていって後でこっそり返しに行ったものです。

しかし、シェフの言葉が理解しにくい分、動きをすべて目で追って、今何をしているのか、何が必要なのか、そのうちわかってくるようになってきました。家で翌日作るであろうレシピを予習するようになってからは、言われる前に行動できるようになっていきました。

シェフの言葉がわからない分、動きを学んでゆき、言葉がすべて理解できない分、表情から気持ちがわかってくるようになったのです。

最初は素人同然の外国人には居場所のなかったリッツホテルの厨房に、少しずつ居場所ができてきます。仲間も少しずつ増えていき、そのうち、とても楽しい場所になり、今では懐かしく恋しい場所。もう二度とあの厨房には立てないと思うと、少しノスタルジックな気持ちになってしまいます。と同時に、過ぎ去っていくひと時、ひと時を大切にしよう、って思えるのです。

言葉がわからない分わかったこと、出会えた人、経験、気持ち。
今では次回のピンチ！　が楽しみで楽しみで。

ピンチよ！　くるならこい！　とことん挑んでやる!!
だって、それって本当にチャンス！
だったから。

BISEの勧め

BISE；女性名詞。（ほほに）キス

EX）Se Faire La Bise　ほほにキスし合う

フランスに暮らす人は一生のうちどれ程人の肌と触れ合うのでしょうか。

仲良い人と会ったら、まずビズをします。両ほほをあわせて「チュッチュッ」とするのです。ハワイでの挨拶、ハグとおなじ感覚です。フランスの生活の中で、人のほほに触れない日なんて存在しません。人と人が近いです。でも、程よく距離は保てる。私にとっては居心地のよい距離感でした。

リッツホテルでの研修はグランド・キッチンで行った私。最初に教わったことは、

「厨房に入ったら共に厨房に立つ全員と挨拶してきなさい。帰るときも挨拶するんだよ」

ということでした。

当然ですね。その日を共に戦うチームメートです。とはいえ、おおよそ30名のシェフたちとビズの挨拶をしてくるのです。最初は戸惑いましたが、そのうちすごく大切なことなんだ、素晴らしいコミュニケーション方法だとわかりました。

どんなに忙しくてもビズは怠りません。断ることは失礼に当たります。チームメートに最大の敬意を示すのです（一度だけ断られたのは風邪をひいてる仲間に断られたときくらい。移っちゃうからね）。一度忙しそうだったシェフへのビズを気を遣って辞退したとき、あとで、「挨拶なしか？」と怒られてしまったこともありました。

戦場のように、忙しい戦いでもしてるかのようにせわしない厨房内。すべてが時間との勝負です。怒鳴り合いや喧嘩も珍しくないこと。私もたまには仲間を怒らせたり怒ったり。でも、何があってもビズで始まりビズで終わるのです。その日の問題はその日まで。一日共に働く仲間に敬意を示し、共に働いた仲間を労《ねぎら》う。ほほとほほを寄せ合うと、本当に

Mary-Anne
chu
Charles
chu
Yosuke
Papa
chu
Mes amies
Mom
Kanae
chu
chu
chu
Kanae
Yosuke
Yosuke
Mom
chu
chu

家族になったように感じられるから不思議です。特に言葉が通じにくい私にとっては大切なコミュニケーション方法でした。

もちろん、私を怒らせた人にはビズなしです（笑）。こうすると大体、怒っていることに気がついてくれますよ。

肌と肌が触れ合うってとても大事。

今では家族はもちろん、大切な仲間には必ずビズをします。今日も会えたこと、一緒に過ごせたことを心から感謝しながら。また会えますようにと、願いをかけて。

GIRLS TALK
にハートを
添えて。

ミルクティー
Thé au Lait

材料
(2人前)

食パン　２枚（６枚切り）
（バゲットの場合も厚さ2cmに切る）

紅茶卵ミルク液
卵・２個／砂糖・40g／牛乳・200ml／
生クリーム・100ml／
バニラエッセンス・数滴／
紅茶茶葉・大さじ３
（アッサムなどミルクに合う茶葉がおすすめ。ここでは、ティーバッグに入っている細かい茶葉を使う）

バター　適量

トッピング（お好みで）
ホイップクリーム、
シナモンパウダー、
メープルシロップ
または蜂蜜など。

作り方

1. ボウルに卵を割り入れ、砂糖を入れて泡だて器でよく混ぜる。
2. 鍋に牛乳、生クリーム、バニラエッセンス、紅茶茶葉をティーバッグから出して入れ、中火で紅茶を煮出し、沸騰直前に茶葉ごと卵液に注ぐ。泡だて器で卵がかたまらないように、手早く混ぜる。
3. 密封できる袋にパンを入れ、2を注ぎ空気を抜き、冷蔵庫で30分寝かす。途中15分程でひっくり返す。もしくは、電子レンジを使ってしみ込ませる（17ページ〈電子レンジを使う時短法〉参照）。
4. 熱したフライパンにバターを溶かし、3を焼く（17ページ参照）。
5. 4を角切りにしたり、ハート型で抜いたりして、ティーカップに盛りつける。お好みでホイップクリームを添え、シナモンパウダーを振る。メープルシロップ、もしくは蜂蜜をかけてもおいしい。

お気に入りの
ティーカップに
キュートに盛りつけ。
ホイップクリームは
星形の金口で
絞ってもきれい。
シナモンスティック
をさして、
あら、す･て･き!!!

チョコ恋ペルデュ
au Chocolat

チョコレートの
力を借りて、
伝えよう
あなたの想い。

願わくば、
大好きな彼と一緒に
食べられますように。

材料
（2人前）

食パン　２枚（厚切り2cm くらい）
チョコレート卵ミルク液
チョコレート・50g ／ココアパウダー（無糖）・大さじ２½
卵・２個／砂糖・大さじ２／生クリーム・50ml ／
牛乳・50ml ／お好みの洋酒・適量
バター　適量
フランボワーズ・ホイップクリーム
冷凍フランボワーズ・６個／生クリーム・100ml ／
グラニュー糖・大さじ１
飾り用冷凍フランボワーズ、冷凍ブルーベリー　各適量

作り方

1. チョコレートは刻んでボウルに入れ、ココアを加える。
2. 卵を別のボウルに割り入れ、砂糖を加え、泡だて器でよく混ぜる。
3. 鍋に生クリームと牛乳、お好みの洋酒を入れて、火にかける。沸騰してきたら１のボウルに加え、へらでよく混ぜてチョコレートを溶かす。溶かしきれなかったら、湯煎にかける。このとき、熱くなりすぎないように注意する。
4. ２に３をざるで漉しながら流し入れ、泡だて器でよく混ぜる。
5. 密封できる袋にパンを入れ、４を注ぎ空気を抜き、冷蔵庫で40分寝かす。途中20分程でひっくり返す。もしくは、電子レンジを使ってしみ込ませる（17ページ〈電子レンジを使う時短法〉参照）。
6. フライパンにバターを熱して、５を焼く（17ページ参照）。
7. フランボワーズ・ホイップクリーム（以下参照）をたっぷりかけ、フランボワーズやブルーベリーなどを飾る。

フランボワーズ・ホイップクリーム

1. 冷凍フランボワーズを電子レンジ600Wで１分加熱し、冷ましておく。
2. 生クリームにグラニュー糖を入れ、泡だて器で八分だてにする。
3. ２に１のフランボワーズを加え、泡だて器でよく混ぜる。

フレッシュバナナとクリーム RITZ風

本気で作る!
デリシャス・
パフェ。

banane a la crème pâtissière au Ritz

材料
（2人前）

食パン　2枚（6枚切り）（レーズンデニッシュもおすすめ）

カスタード卵ミルク液

ホワイトチョコレート・80g／卵・1個／
砂糖・大さじ1／牛乳・100ml／
RITZのカスタード・クリーム
（90ページ参照）・100g／
ラム酒・小さじ2／
塩・少々（軽く2つまみ）

バター　適量

トッピング（お好みで）

バナナ（小ぶりのもの）、RITZのカスタードクリーム、ミルクチョコレートソース、アーモンドスライスのプラリネ（104ページ参照）、ミントなど。

作り方

1. 食パンは耳を取り除き、4等分に四角く切っておく。
2. ホワイトチョコレートは溶けやすいように刻み、ボウルに入れておく。
3. 別のボウルに卵と砂糖を入れ、泡だて器で混ぜる。
4. 牛乳とカスタードクリームを鍋に入れ、火にかける。泡だて器で混ぜ合わせる。ラム酒と塩を加え、沸騰直前まで混ぜながら加熱する。
5. 2に熱した4を注いで、泡だて器で混ぜ、チョコレートを溶かす。
6. 3に5を注ぎ、よく混ぜる。
7. 密封できる袋にパンを入れ、6を注ぎ空気を抜き、冷蔵庫で1時間寝かす。途中30分程でひっくり返す。もしくは、電子レンジを使ってしみ込ませる（17ページ〈電子レンジを使う時短法〉参照）。
8. フライパンにバターを溶かし、7を焼き（17ページ参照）、皿に盛る。
9. トッピングはバナナ、カスタードクリーム、チョコレートソース、アーモンドスライスのプラリネ、ミントなどお好みで。

今回はカクテルグラスに盛りつけてみました。おしゃれに、エレガントに大好きな器においしいパン・ペルデュを盛りつけて。

Kanae Point

ごま!! Soja Sésame

ごまの力で
美人ちゃん!

材料
（2人前）

食パン　２枚（6 枚切り）
ごま豆乳卵液
　白ごまペースト・大さじ２／ピーナッツバター・20g／
　豆乳（無調整）・100ml／卵・２個／
　ブラウンシュガー・大さじ１½／塩・少々
バター　適量
白すりごま　大さじ１
ブラウンシュガー　小さじ１
黒蜜もしくは蜂蜜　適量

作り方

1. 白ごまペーストとピーナッツバターを合わせておく。
2. 小鍋もしくはフライパンに豆乳を入れ、火にかける。
3. 豆乳が温まったら１のペーストを加え、よく溶かす。
4. 別のボウルに卵、ブラウンシュガーを入れて泡だて器で混ぜ合わせ、塩を加える。
5. 4の卵液に3のごま豆乳液を一気に注ぎ、卵がかたまらないように手早く混ぜる。
6. 密封できる袋にパンを入れ、5のごま豆乳卵液を注ぎ空気を抜き、冷蔵庫で１時間寝かす。途中 30 分程でひっくり返す。もしくは、電子レンジを使ってしみ込ませる（17ページ〈電子レンジを使う時短法〉参照）。
7. フライパンにバターを入れ、6を焼く（17 ページ参照）。
8. 容器に白すりごま、ブラウンシュガーを入れて、よく混ぜ合わせる。
9. 7を皿に盛り、黒蜜、もしくは蜂蜜を塗り 8をまぶす。いりごまをかけてもいい。

Kanae Point

ごまの効果はすごい！　抗酸化作用、悪玉コレステロール退治、二日酔い防止、ストレス軽減、美肌やきれいな髪のためにも、変身する女の子の必需食!!

おいしい
抹茶の
茶っ茶っ茶!

ちゃっちゃっちゃの抹茶!! Soja Matcya

材料
(2人前)

食パン　　2枚（4枚切り）
抹茶豆乳卵液
　ホワイトチョコレート・100g／
　卵・2個／牛乳・30ml／抹茶・大さじ2／
　黒蜜・大さじ1／豆乳（無調整）・170ml
バター　　適量

トッピング(お好みで)
粒あん（缶詰)、焼き芋、きな粉、バニラアイスなど。

作り方

1. ホワイトチョコレートは溶けやすいように刻んでボウルに入れておく。

2. 別のボウルに卵を入れ、溶いておく。

3. 牛乳と抹茶を鍋に入れ、弱火でペースト状にし、そこに黒蜜と豆乳を加え、強火にし、泡だて器でよく混ぜる。沸騰してきたら **1** に注ぎ、チョコレートを溶かす。

4. **3**をざるなどで漉しながら **2** の卵液に一気に注ぎ、泡だて器でよく混ぜる。

5. 密封できる袋にパンを入れ、**4**を注ぎ空気を抜き、冷蔵庫で30分寝かす。途中15分程でひっくり返す。もしくは、電子レンジを使ってしみ込ませる(17ページ〈電子レンジを使う時短法〉参照)。

6. フライパンにバターを溶かし、焼く(17ページ参照)。ふっくらしてきたら皿に盛り、あん、お芋、きな粉、抹茶、バニラアイスなどで盛りつける。

Kanae Point

ホワイトチョコレートは、ミルクチョコレートやダークチョコレートよりも低温で溶けるので難なく溶けるはず。溶けきらなかったら、湯煎にかけます。

黒蜜ともとってもよく合いますよ。

ピニャコラーダ!!

Pina Colada

南の国の
カリビアン・
テイスト!!

材料
（2人前）

食パン	２枚（6 枚切り）
ココナッツ卵ミルク液	

卵・２個／コンデンスミルク・30g／ココナッツミルク・150g／豆乳（無調整）・50ml／レモン汁・大さじ１／すりおろしたレモンの皮・½個分／ラム酒・小さじ２／ココナッツパウダー・15g

バター	適量
コンデンスミルク	適量
パイナップル（缶詰）	４枚
フレッシュ・ミント	適量

作り方

1. ボウルにココナッツ卵ミルク液の材料を順にすべて入れ、そのつど泡だて器で混ぜ合わせていく。

2. 密封できる袋にパンを入れ、**1**を注ぎ空気を抜き、冷蔵庫で１時間寝かす。途中 30 分程でひっくり返す。もしくは、電子レンジを使ってしみ込ませる（17ページ〈電子レンジを使う時短法〉参照）。

3. フライパンにバターを溶かし、**2**を焼く（17 ページ参照）。

4. ふっくら焼けたらパンを皿にのせ、コンデンスミルクをかけ、パイナップルをバターでソテーして上にのせ、ミントを飾る。

Kanae Point

ピニャコラーダとはラムをベースに、パイナップルジュースとココナッツミルクを使ったカクテル。スペイン語で「パイナップルが生い茂る峠という意味」と言いながら、パリで出会ったベネズエラ人のエリーさんが、パーティーで作ってくれました。あの味が恋しくて作ってみました。カクテル風にストローを短く斜めに切ってさしたら、ほら、おしゃれ。南の国のカクテルがパン・ペルデュに大変身。

ふわふわ、ほっこり、のほほん、やさしくなあれ。

材料
（2人前）

食パン	２枚（４枚切り）
卵豆乳液	
卵・１個／豆乳（無調整）・100ml／砂糖・大さじ２／塩・少々	
バター	適量
きな粉	適量
蜂蜜	大さじ１

豆乳パン・ペルデュ

Simple Soya

作り方

1. 卵をボウルに割り入れ、泡だて器で溶いておく。

2. 豆乳を電子レンジ600Wで1分〜1分30秒加熱し、砂糖と塩を加えよく混ぜる。

3. **2**の豆乳を**1**に加え、泡だて器で手早く混ぜる。

4. 密封できる袋にパンを入れ、**3**を注ぎ空気を抜き、冷蔵庫で30分寝かす。途中15分程でひっくり返す。もしくは、電子レンジを使ってしみ込ませる（17ページ〈電子レンジを使う時短法〉参照）。

5. フライパンにバターを入れ、火にかけて溶かし、その上に**4**をそっと置き、焼く（17ページ参照）。いい焼き色になったら食べやすい大きさに切って皿に盛り、きな粉を振り、蜂蜜をたっぷりかける。

Kanae Point

豆乳は不思議な力を持っています。女性を美しくする力だけでなく、パンやケーキなどをふわふわにする力があります。ふわふわパン・ペルデュで心もふわふわっふー。

パリの朝

パリの冬の朝は、9時くらいまで暗いです。朝7時、最寄りのサン・ポール駅から1番線のメトロに乗って、コンコルド駅まで。そこから、リッツホテルまで歩きます。実はこの通学時間、私の大好きな時間でした。学校にたどりつくまでの40分の間にラッキーならば私の4人のサポーターに会えるから。

家を出ればミュゼ・ピカソの近くの細い道、エリゼビール通り。その道からサン・ポール駅方向へフラン・ブルジョワ通りを突っ切ってゆく道のりにスペイン系のお兄さんがやっている雑貨屋さんがあります。日用品と食料、おいしい新鮮なフルーツを売っているお店で、ラッキーだったら掃除がてらタバコをすっているお兄さんに会えます。

「SALU! MA BELLE! BONNE JOURNEE!! (やあ！　美人さん！いい一日をね!!)」とエールをもらえます。1人目！

「やん。美人さんだなんて！」とテンションを上げながら、サン・ポール駅まで軽快に歩いていく途中、ラッキーならば朝のパリの街を掃除している緑の装いをしたパリの清掃局のお兄さん、歌うお兄さんに会えます。会えるというか、見かけることができるというか。何せ、彼は歌に夢中！　朝早くからの大変な仕事なのに、大きなヘッドホンをしてリズミカルに掃除を進めていくお兄さん。陽気な人を見ているとこちらまで陽気になっていきます！

何度か「BONJOUR! (おはよう！)」と挨拶をしてみたことがあります。少し照れた顔をして「BONJOUR! MADAME! (おはよう！マダム！)」と挨拶をしてくれました。2人目！

そして、また歌いだす。お兄さんの鼻歌のリズムに合わせて、駅のほうに進んでいくと、ラッキーならば駅の階段のところに座っている白ひげのおじさんに会えます。このおじさん、毎日同じ時間に同じところに座っています。初めてメトロに乗る日も、初めて学校に行く日も、初めて研修に行く日も、最後にリッツホテルに行った日も、日本に帰国する前日もおじさんはそこに座っていました。雨の日も、雪の日も

METRO

（あまりにも寒い日はいなかったな）そこにいてくれるおじさん。ポケットに小銭があるときは必ずおじさんに小銭をわたしました。

「MERCI！ MADEMOISELLE!! BONNE JOURNEE!!」（ありがとう！　おじょうちゃん！　いい一日をね!!）と、最高の笑顔をもらえます。

３人目！

いやあ、こちらこそ。おじちゃん！　今日も元気でいてくれてありがとう。今、パリで会いたい人は？　と誰かに聞かれたら、まず弟の洋輔とそれから、サン・ポール駅にいるあのおじさんが座っている姿が思い浮かびます。

パリのメトロの改札口では暗黙のルールがあります。チケットを入れてバーを手動で開けるのですが先に開けた人が、バーを持ったまま、後に来る人を待ってあげる。私はこのルールが大好きで、見ていると、オフィスに向かうパリジャンも、まだ寝ぼけ眼《まなこ》でアンニュイな学生さんも、どう見ても朝帰りのパンキッシュなロッカーの兄ちゃんも、このルールを守っている姿に出会えます。どんなに忙しい朝でも、急いでいる朝でも、このルールを守るパリジャンたち。遅刻しちゃうとか、乗り遅れちゃうとか、後先の結果ではなくその瞬間の人間性を重視する人たちだなと、またますますパリが好きになっちゃう。

さて、４人目はというと、彼はリッツホテルの守衛さん。イタリア系

の白髪の強そうな、そして少し怖そうなおじさんです。実はこのおじさん、私の一番のサポーター。

　カンボン通り31番地。CHANELの本店のある通り、ここはリッツホテルの裏にあたる場所。リッツホテルの由緒あるバー、ヘミングウェイバーの専用入り口の隣に従業員口があります。入り口には一見怖そうな守衛さん。そこではIDチェックを厳しく行います。エコール・ド・リッツ・エスコフィエ料理学校はこの従業員口から入った地下、リッツホテル内の素晴らしいレストラン「エスパドン」のグランド・キッチンの真向かいにあります。フロントマンも清掃員もバーテンダーも整備員も警備員もシェフたちも新鮮な食材を届ける業者さんもみんなIDチェックを受けてこの入り口から入ります。いわば、リッツホテルを演出するキャストたちがその舞台裏に入っていくバックステージの入り口です。

　リッツホテル初日、挨拶だけは一丁前。

「BONJOUR!!　JE SUIS ETUDIANTE DU ECOLE RITZ ESCOFFIER!!（おはようございます!!　私はエコール・ド・リッツ・エスコフィエの生徒です!!）」

　一見怖そうな守衛のおじさんは、優しく私を学校の事務室まで案内してくれました。それ以来、学校で作ったものは必ずおじさんの分も用意して、差し入れるようになり

ました。
　一度、こんなことがありました。
　まだなれないパリでの生活を心配した弟の洋輔（かなえ姉ちゃんは泥棒に襲われたり、変な人に誘われたり心配ばかりかけていました）が、私の学校が終わる時間の少し前から学校に迎えに来てくれるようになりました。いつもより終わり時間が遅くなってしまったその日、急いで地下から階段を駆け上り守衛さんの元へ行くと、守衛さんがいない。おや？　と外に出てみると、なんだか守衛のおじさん警戒して一人の若者を観察中。洋輔!!　慌てて、私の弟です!!　と説明すると、すぐさま笑顔になって弟と談笑を始めました。

　だから、弟とも仲良し。おじさんは、
「何か困ったことがあったら、すぐ僕に言うんだよ！
僕は君のお父さんの代わりに君を守るからね!!」
　いつもそう言ってくれていました。

　入り口付近で、男性にコーヒーに誘われれば、私の代わりに断ってくれるおじさん。断ってくれなくていい場合でも（笑）。
　言葉が通じない、うまく伝えられないフラストレーションで、私は英語しか話さなくなってしまった時期が一度ありました。そのときに、優しく叱ってくれたのも彼です。
「ねえ、君のフランス語はどうしたの？」
「、、、、、」
　挨拶を英語でしばらくしていた私にぴしゃりっと言いました。
「どんなめちゃくちゃでも、あきらめちゃいかんよ！　君のフランス語を話そうとする姿勢は魅力的だよ！」
「MERCI、、、」
　涙が出そうだったので、それだけ言うと、その場を立ち去ってしまった私。その日の帰りからは、なんだかへんてこなジャスチャーと、めちゃくちゃフランス語復活!!
　１番線、コンコルド駅からカンボン通りをまっすぐ。右手の大好きなカフェのおじさんたちに手を振り、左手にCHANELの本店を眺めながら少し行くと、リッツのバックステージの入り口。ラッキーならば、私のパリのお父ちゃんに会えます。
「BONJOUR!　KANAE!!　ÇA VA AUJOURD'HUI? ALLER ETUDIER　BIEN!!　MA BELLEV!!（おはよう！　かなえ !!　今日も元気かい？　今日もがんばるんだよ !!　美人さん !!)」4人目。
　どんなに寒い日も、くたくたの日も、会えば元気になっちゃう！

　今大規模な改装中のため、閉鎖しているリッツホテル。先日工事中のリッツを眺めに一人でいつもの道を歩いてきました。みんな、ばらばらに解散してしまいました。でも、きっとまた違った形で出会えるはず。みんな、それぞれに輝いているはず !!
「朝が来れば、夜が来て、また違う朝が来る。。。。」
　一部分だけ残っていた、リッツホテルのバックステージの入り口に以前と同じように立ってみた私。声に出してつぶやきました。
　出会った分別れがあって、別れがある分、出会いがあるんだものね。

3
Troisième Partie

甘くないパン・ペルデュ♥

甘いフレンチ・トーストももちろん好きだけど、
たまには、ワインでも飲みながらの、
パン・ペルデュもいいんじゃない？
さあ、今すぐ買い物に繰り出しましょう。
お気に召したパン・ペルデュの材料をメモしたら、
それに合うワインも選びに行きましょう。
魚介風味だったら、きりっと爽やかな白ワイン。
すっきり冷やしたロゼワインもいいかも。
チーズ系、お肉を使ったレシピには濃厚な赤ワインがいいかしら。
ワインは生き物。詳しくなかったら、
お店の人に聞いてしまうのが間違いない。
私はいつもお店の人にどんなものに合わせたいか報告して、
３種類くらい提案してもらいます。
この時間が大好きなのです。
プロフェッショナルとの会話はとても楽しい！
知らなかったことをまた発見できちゃう。
おいしいワインを見つけることができたら、お花屋さんにも立ち寄ります。
季節のお花はお料理と私たち女性を美しく演出してくれます。
お気に入りのお皿さん、素敵に私らしく飾ったテーブル、
おいしいパン・ペルデュとおいしいワイン、
大好きな音楽をかけたら、そろそろチャイムが鳴る頃。
大切な誰かさんの喜ぶ顔を思い浮かべているこの時間も、大好き。

シンプル・パン・ペルデュ

Simple Salé

甘くない
パン・ペルデュ
の基本。

材料
(2人前)

食パン　2枚（8枚切り）
卵ミルク液
　卵・2個／牛乳・100ml／砂糖・少々（約1g）／
　塩・少々（約1g）／胡椒・お好みで
オリーブオイル（またはバター）　小さじ1

作り方

卵ミルク液を作る

1. 卵をボウルに割り入れ、よく溶く。

2. 牛乳と砂糖、塩、胡椒（お好みで）は電子レンジ対応の容器に入れ、600Wで1分ほど加熱（こうすると溶けやすい）してからよく混ぜる。

3. 1に2を加え、手早く混ぜる。

パンに卵ミルク液をしみ込ませる❶

パンを密封できる袋に入れ、卵ミルク液を注ぎ、空気を抜きながら密封する。冷蔵庫で20分〜一晩おく。

パンに卵ミルク液をしみ込ませる❷ 〈電子レンジを使う時短法〉

卵ミルク液を耐熱容器に入れ、パンの両面に卵ミルク液をつけてラップをし、空気をできるだけ抜く。600Wで30秒加熱。パンをひっくり返し、さらに30秒加熱。

焼く

1. フライパンにオリーブオイル（またはバター）を熱し、パンを崩さないようにそっと置く。

2. 火加減は弱火〜中火。ふたをして3分は触らないように。

3. 3分たったら、フライ返しでひっくり返し、ふたをしてさらに3分加熱する。両面にきれいに焼き色がついたらでき上がり。

Kanae Point
3分は目安。
お好きな焼き色が
つくまで焼いてくださいね。

基本のパン・ペルデュを少しリッチに。

クリーミー・サレ
Créme Salé

材料
(2人前)

ミルクブレッド　2枚（6枚切り）
（ブリオッシュなど、やわらかいパンがおすすめ）

卵ミルク液
卵・2個／牛乳・100ml／砂糖・少々(約1g)／塩・少々(約1g)／胡椒・お好みで

生クリーム　50ml

バター　適量

トッピング(お好みで)

プルーンの赤ワイン煮（102ページ参照）とこれを作ったときに使ったシナモンスティック、八角などを盛りつけ、上から粉糖を振りかけるのもいいでしょう。

作り方

1. 卵ミルク液を作り（59ページ参照）、生クリームを一気に加えて泡だて器でよく混ぜる。
2. 密封できる袋にパンを入れ、1を注いで空気を抜き、冷蔵庫で30分。途中ひっくり返し、さらに30分寝かせる。もしくは、電子レンジを使って卵ミルク液をパンにしみ込ませる(59ページ〈電子レンジを使う時短法〉参照)。
3. フライパンにバターを入れ、弱火～中火にし、パンをそっと入れてふたをし、4分焼く。
4. フライ返しでひっくり返し、ふたをして4分焼く。両面にきれいに焼き色がついたらでき上がり。

Kanae Point

厚さがある場合は、
おいしそうな色がつくまで
他のパンよりも
1分長く焼きましょう。

CASANIS
PASTIS

パルメザン・チーズ

Fromage Parmesan

お酒のお供に
ばっちりね。
うふ。。。

材料
（2人前）

食パン　2枚（6枚切り）

卵ミルク液
卵・2個／
砂糖・少々(約1g)／
胡椒・お好みで／
牛乳・100ml／
パルメザンチーズ・
大さじ3

オリーブオイル　小さじ1

パルメザンチーズ　適量

タイム　適量

作り方

1. 卵をボウルに割り入れ、よく溶き、砂糖と胡椒を入れてよく混ぜる。
2. 電子レンジ対応の容器に牛乳とパルメザンチーズを入れ、チーズが溶けるまで温める（600Wで約1分）。
3. 2に1を加えて、卵がかたまらないように手早く混ぜる。
4. パンに3の卵ミルク液をしみ込ませる(59ページ参照)。
5. オリーブオイルを熱したフライパンで4を焼く（59ページ参照）。
両面にきれいに焼き色がついたらでき上がり。お好みで、型で抜いたり、パルメザンチーズを振りかけたり、タイムをあしらって。

Kanae Point

でき上がったパン・ペルデュを型で抜いて
パルメザンチーズをまぶせば、お父さんも
びっくり!!　ちょっとしたおつまみに。
やってみて♥

大人も子どもも
嬉しい！おいしい♥
笑顔いっぱい
チーズレシピ。
とろとろ
のび～るチーズが
ワインと合う合う♥

スマイリー・チーズ
Fromage Sourire

材料
（2人前）

食パン　2枚（6枚切り）
卵ミルク液
　卵・2個／砂糖・少々（約1g）／塩・少々（約1g）／
　胡椒・お好みで／牛乳・100ml／パルメザンチーズ・大さじ3
オリーブオイル　小さじ1
スライスチーズ、とろけるスライスチーズ、
カマンベールチーズなど　40g
蜂蜜　適量
バルサミコ・ソース　適量

作り方

1. パンは耳を除き、4等分する。

2. 卵をボウルに割り入れ、よく溶き、砂糖と塩、胡椒を入れてよく混ぜる。

3. 電子レンジ対応の容器に牛乳とパルメザンチーズを入れ、チーズが溶けるまで温める（600Wで約1分）。

4. 3に2を加えて、卵がかたまらないように手早く混ぜる。

5. 1のパンに4の卵ミルク液をしみ込ませる（59ページ参照）。
この間に、バルサミコ・ソースを作っておく（110ページ参照）。

6. フライパンにオリーブオイルを熱し、パンを崩さないようにそっと置く。
火加減は弱火〜中火。ふたをして3分は触らないように。

7. 3分たったら、フライ返しでひっくり返し、チーズをのせ蜂蜜をかける。スライスチーズならば2枚使い、間に蜂蜜をたらして重ねてのせる。

8. ふたをしてさらに3分。ふたを取って焼き色をチェック！
チーズがおいしそうに溶けていたらでき上がり。

9. お皿に盛りつけ、バルサミコ・ソースで笑顔を描く。お好みでタイムなどを飾る。

かたくなったバゲットが
フレッシュなトマト&
チーズで
パン・ペルデュに
変わるなんて!!

トマチー!!

Fromage Tomate

材料
(2人前)

バゲット　約 15cm

卵ミルク液

卵・２個／牛乳・100ml ／砂糖・少々（約 1g）／塩・少々（約 1g）／胡椒・お好みで／パルメザンチーズ・大さじ３

トマトオイル

ミニトマト・５～10 個／バジル・２枚／グレープシードオイル・大さじ２／にんにくクラッケ（皮をむかずに切り込みを数カ所入れたもの）・小２片／砂糖・10g

ピザ用チーズ　40g

オリーブオイル　小さじ１

作り方

1. パルメザンチーズ入りの卵ミルク液を作る（59ページ参照）。

2. トマトを湯むきし、半分に切る。バジルは手で粗めにちぎっておく。

3. バゲットは包丁で斜めに切り込みを入れる。

4. トマトオイルを作る。フライパンにグレープシードオイルを入れ、中火にし、にんにくクラッケとトマトを入れ、炒める。砂糖を加え、バジルも加える。

5. 1の卵ミルク液に4を入れ、卵がかたまらないように手早く混ぜる。

6. バゲットを密封できる袋に入れ、5を注ぐ。空気を抜いて密封し、冷蔵庫で一晩寝かせる。

7. オーブンシートをのせた天板にバゲットをのせ、切り込みを入れた部分につけた液の中のトマトと、チーズをはさむ。オリーブオイルを回しかける。

8. 180℃に予熱しておいたオーブンで15分焼く。ほどよく焦げ目がついたらでき上がり。

●トマトの湯むき

トマトは湯むきにするときれいにむけます。

1. トマトに十字に切り込みを入れ、ヘタを取る。
2. 大きめの鍋に湯を沸かし、トマトを入れ、15～20秒で引き上げて、冷水にとる。手で皮をむく。

Kanae Point

グレープシードオイルはくせがない上、冷蔵庫でかたまらないのでこのレシピにはおすすめ。オリーブオイルでもいいですよ。
トマトを入れると水分で油がはねるのでふたで防御！油がはねなくなったら、刻んだバジルを投入。

え?!
パスタじゃないの?
やってみて!
デリシャス・
サプライズ♥

Kanae Point

チーズとベーコンに塩分があるので、塩加減に気をつけましょう。砂糖は大さじ１～$1\frac{1}{2}$くらい入れてもいいですよ。
ミルクブレッドを使う場合は1～2cm角に切って、30分卵ミルク液につけ、マグカップに入れましょう。
やけどをしないように、
ふ～ふ～して召し上がれ。

カルボナーラ・マグカップ

Carbonara a la grande tasse

材料
(2人前)

ブリオッシュ　2個
(またはミルクブレッドなど、やわらかいパンでも)

卵ミルク液
卵・2個／砂糖・少々(約1g)／
塩・少々(約1g)／胡椒・お好みで／
牛乳・100ml／パルメザンチーズ・大さじ3

ベーコン　2枚
グレープシードオイル　大さじ2
ゴルゴンゾーラチーズ　30g
生クリーム　50ml
ピザ用チーズ　20g
黒胡椒　お好みで

作り方

1. オーブンは180℃に予熱しておく。

2. ブリオッシュの帽子の部分を切る。ベーコンは1cm角程度に切っておく。卵ミルク液の材料をすべてボウルに入れ、よく混ぜる。

3. フライパンにグレープシードオイルとベーコンを入れ中火にかける。

4. ベーコンの香りが広がってきたら、ゴルゴンゾーラチーズ、生クリームを加え、ゴルゴンゾーラチーズが溶けるまで木べらで混ぜながら煮詰める。

5. 4を卵ミルク液に一気に注ぐ。このとき泡だて器でよく混ぜ、卵がかたまらないようにする。

6. 皿か密封できる袋に5を入れ、ブリオッシュをすべて入れて、途中で裏返して、5～6分つける。

7. 6のブリオッシュの帽子以外の部分を耐熱マグカップに入れ、ピザ用チーズをのせる。帽子の部分をのせ、フォークで卵ミルク液に残ったベーコンをレスキューしてその上にのせる。

8. オーブンで7を10～13分、焦げないように様子を見ながら焼く。焼き上がったら、黒胡椒をお好みで。

材料
（2人前）

食パン　2枚（6枚切り）
卵ミルク液
卵・2個／牛乳・100ml／砂糖・少々（約1g）／
塩・少々（約1g）／胡椒・お好みで
エシャロット・ベーコンオイル
エシャロット・4個／ベーコン・50g／
グレープシードオイル・大さじ1
アボカドソテー
アボカド（食べ頃のもの）・1個／薄力粉・適量／バター・小さじ1／
塩・少々／レモン汁・⅙個分／胡椒・お好みで
オリーブオイル　小さじ1
バルサミコ・ソース（110ページ参照）　適量

アボカド・ベーコン
Abocat Bacon

アボカドパワーで美人になあれ♥

作り方

1. 卵はボウルに割り入れ、よく溶いておく。

2. エシャロットは白い部分をみじん切りにする。ベーコンは 5mm 角に切る。

3. フライパンにグレープシードオイル、エシャロットを入れ、弱火でじっくり香りを出す。

4. エシャロットの香りがしっかり油に移ったらベーコンを加え、ベーコンがジューシーに焼き上がったら、牛乳を加え、砂糖、塩胡椒（お好みで）を加えて弱火にし、少し煮詰めてから火を止め、そのまま冷ましておく。

5. **1**の卵液に粗熱の取れた**4**のエシャロットの香りのついたミルク液を入れ、混ぜる。

6. 密封できる袋にパンを入れ、**5**を入れて 10分寝かせ、ひっくり返して10分寝かせる。もしくは、電子レンジを使って卵ミルク液をパンにしみ込ませる（59ページ〈電子レンジを使う時短法〉参照）。

7. アボカドは半分に切って種を取り除き、皮をむいて2cm角程度に切り、薄力粉をまぶす。フライパンにバターを入れ、中火でソテーする。塩を振り、カリカリにソテーできたらレモン汁をかけておく。

8. フライパンにオリーブオイルを熱し、**6**を焼く（59ページ参照）。

9. パンを食べやすい大きさに切り、皿に盛る。

10. 卵ミルク液に残ったベーコンをさっと炒め、**7**と共にパン・ペルデュの上にこんもりのせて。お好みで胡椒をひと振り。バルサミコ・ソースをさっとかけ、タイムなどを飾る。

Kanae Point

女の子に嬉しい美人効果があると言われているアボカド。老化防止効果のビタミンE、脂肪を分解するビタミンB_2、美肌づくりに欠かせないビタミンB_6やミネラルも豊富。
ん〜〜♥
アボカド大好き♥

Rue Condorcet
ST GEORGES
Rue de Maubeuge
CADET
Rue Richer

クロック・マダム
Croque Madame

クロック・ムッシューと共に、フランスで長く愛されている一皿です。

材料
(2人前)

食パン　2枚（4枚切り）
卵ミルク液
　卵・2個／牛乳・100ml／
　砂糖・少々（約1g）／塩・少々（約1g）／胡椒・お好みで
オリーブオイル　小さじ1
ももハム　4枚
　卵　2個（卵黄と卵白に分けておく）
　塩　少々
　胡椒　お好みで

作り方

1. オーブンは180℃に予熱しておく。
パンを型で抜く。

2. 卵ミルク液を作り、**1**のパンにしみ込ませる
(59ページ参照)。

3. フライパンにオリーブオイルを入れ、弱火〜中火にする。ハムを2枚置き、その上に**2**のパンを崩さないようにそっと置く。卵は卵白と卵黄にあらかじめ分けておき、くりぬいた部分に卵白を入れてから、卵黄を割れないようにそっと入れる。

4. ふたをして、4分加熱。

5. フライ返しでそっとパン・ペルデュを持ち上げ、オーブンシートをのせた天板に置く。卵のところに塩を振り、オーブンで7分焼く。オーブントースターの場合は焼き加減を見ながら10分程度焼く。お好みで胡椒を振る。

Kanae Point

今回はウサギの抜き型を使ってみました。パンが抜きにくかったら、少し表面を焼くと抜きやすくなりますよ。お好みにデコレーションしましょう!!
私は、めがねウサギ!!　目は黒胡椒で、めがねはねぎで!!
オーソドックスなクロック・マダム・パン・ペルデュにするなら、パンは抜かずに作って、目玉焼きをのせてもいいですよ。

ハムとチーズがたまらない！マヨクリーム仕立てで、究極においしいパン・ペルデュ。

材料
（1人前）

食パン　2枚（4枚切り）
マヨクリーム液
　生クリーム・50ml／マヨネーズ・大さじ1／粒入りマスタード（または粒なしマスタード）・大さじ1／牛乳・100ml／塩、胡椒・各適量
フレッシュ・タイム　2本
卵液　卵・2個／塩、胡椒・各適量／砂糖・小さじ2
バター　適量
ハム　2枚
とろけるスライスチーズ　2枚

クロック・ムッシュー
Croque Monsieur

作り方

1. ボウルにマヨクリーム液の材料を入れ、泡だて器でよく混ぜる。

2. **1**にタイムを入れ、電子レンジを使ってマヨクリーム液をパンにしみ込ませる（59ページ〈電子レンジを使う時短法〉参照）。

3. 卵液の材料をすべてボウルに入れ、よく混ぜる。

4. フライパンを熱してバターを入れ、ハムを少し重ねるようにして２枚置き、**2**のパンの１枚を取り出しハムの上に置く（**A**）。ふたをして、弱火～中火で３分焼く。

5. **4**をひっくり返し、ハムの上にとろけるスライスチーズを２枚とも置く。上からもう１枚のパンをのせてふたをしてさらに３分焼く。

6. **3**の卵液の半分を**5**の上から流し入れ（**B**）、上にタイムをのせて、ふたをしてさらに３分蒸し焼きにする。ひっくり返して残りの卵液をかけて焼き、両面においしそうな焦げ目がついたらでき上がり。

A

B

半分に切るとトロ～～ッとチーズが……。
ボリューム満点！
ムッシュー（紳士）のお気に入り。

ちょっとご馳走?!

ホタテのマヨクリーム・パン・ペルデュ

Crémemayo de Saint-jacqes

材料
（2人前）

厚切り食パン　2枚（3枚切り）
（厚めのほうがおいしいですよ）

マヨクリーム液
マヨネーズ・大さじ2／生クリーム・100ml／
オリーブオイル・適量／すりおろしにんにく・1片分／
タイム・小さじ1／ホタテ缶（汁のみ）・1缶分

卵液　卵・2個／塩・ひとつまみ／胡椒・適量／
ホタテ缶（汁をきった身）・1缶分／砂糖・小さじ2

バター　適量

作り方

1. マヨネーズと生クリームを混ぜておく。

2. フライパンにオリーブオイル、にんにく、タイムを熱して、香りが出たら、ホタテ缶の汁を加える。

3. 2に1を加え、マヨクリーム液を作る。

4. 密封できる袋を2枚用意し、1つに3を半分注ぎパンを入れる。これを2つ作る。電子レンジを使って卵ミルク液をパンにしみ込ませる（59ページ〈電子レンジを使う時短法〉参照）。

5. ボウルに卵液の材料を入れてよく混ぜる。

6. フライパンを熱し、バターを溶かし、4の袋から取り出したパンに5の卵液を絡めてから焼く。残った液は上からかける。弱火〜中火で両面焼いたらでき上がり。お好みでミニトマトやディルを飾り、胡椒を振る。

Kanae Point

おいしそうな焦げ目をつけたら、
おいしい白ワインを
用意してっと……。
ボナ・ペティ！

pour toutes

ヴェトナム風海老パン

Pain Perdu a la Crevette Vietnamienne

こんなのも
ありよね♥

材料
(2人前)

バゲット	約15cm
卵ミルク液	
卵・2個／牛乳・100ml／砂糖・少々	
塩・多めに、3つまみくらい／胡椒・お好みで	
スウィート・チリソース	50g
ナンプラー	小さじ1
パクチー即席サラダ	パクチー、レモン汁、ごま油、いり白ごま・各適量

海老《えび》のベトナム風

海老	10尾
塩、胡椒	各適量
玉ねぎ	¼個
オリーブオイル	大さじ1
薄力粉	適量
バター	大さじ1
すりおろしにんにく	1片分
ナンプラー	小さじ1
レモン汁	小さじ2

Kanae Point
残った卵液は
とっても
おいしいので、
卵焼きにして
食べてね。

次のページへ
続く!

作り方

1. バゲットは斜めに切り込みを数カ所入れておく。

2. 卵ミルク液を作り（59ページ参照）、スウィート・チリソースを加えてよく混ぜ、なじませる。

3. 密封できる袋にバゲットと2を入れ、一晩つける。

4. 海老は殻を取り、背わたを除き、尾はつけたままにしておく。塩、胡椒で下味をつけ、薄力粉をまぶす。

5. 玉ねぎは薄くスライスする。

6. フライパンにオリーブオイルを熱し、玉ねぎをさっと炒めたら、海老を入れ炒め合わせる。

7. 玉ねぎがしんなりして、海老の両面に火が通ったら、バター、にんにく、ナンプラー、レモン汁を手際よく入れ、味つけをする。塩、胡椒で味を調える。

8. 180℃に予熱しておいたオーブンで3のバゲットを15分焼く。

9. ボウルに、洗って枝を除いたパクチーを入れ、レモン汁、ごま油、白ごまを入れ、和える。

10. 8が焼き上がったら仕上げに、ナンプラーを香りづけに振りかける。斜めに切り分け、7と9を一緒に盛りつける。

Pain Perdu a la Crevette Vietnamienne

パン・ペルデュに添えて召し上がれ。
ごはんにのせて丼にしても
おいしいです。

材料
（2人前）

食パン　2枚（6枚切り）
WAFU卵液
卵・2個／砂糖・大さじ2／醤油・小さじ2
梅こぶ茶・小さじ1½／豆乳（無調整）・200ml
バター（無塩）　適量
醤油　小さじ1
蜂蜜　大さじ1
簡単そぼろ
合いびき肉・80g／バター（無塩）・10g／
醤油・小さじ2／蜂蜜・大さじ2
刻み九条ねぎ　適量

大切なのは
1：3の法則。
醤油1：蜂蜜3

和風パン・ペルデュ

Wa!! Fu-!!

ボーダレス・クッキング!

作り方

1. ボウルに卵を割り入れ、砂糖、醬油、梅こぶ茶を入れて泡だて器でよく混ぜ合わせておく。

2. 小鍋で豆乳を温め、沸騰直前に 1 を入れ、泡だて器で手早く混ぜ合わせ、WAFU 卵液を作る。

3. 密封できる袋にパンと 2 を入れ、30 分浸す。途中 15 分程でひっくり返す。もしくは、電子レンジを使って 2 をパンにしみ込ませる（59 ページ〈電子レンジを使う時短法〉参照）。

4. フライパンにバターを熱して、3 を焼く（59 ページ参照）。パンを取り出す前に、火を少しだけ強め、醬油に蜂蜜を入れて混ぜたものをかけて焼き、TERIYAKI にする。

5. 同じフライパンを使ってバターを溶かし、中火でひき肉を炒め、分量の醬油に蜂蜜を混ぜたものを入れ、肉に絡め、簡単そぼろを作る。

6. 皿に 4、5、九条ねぎを順にのせる。カップに入れてもかわいい。

Kanae Point

醬油の風味を最大限に出したいため、塩は使いません。バターも無塩が好ましいでしょう。有塩しかない場合は、卵液に使う醬油の量を減らしましょうね。料理は足し算引き算ちゃっかりさん。。。

Take outも
OKよ♥
Lunch timeは
人気者。
スパイスがかくし味。
「甘いだけじゃないのが
お好き？」
「好きだよベイベー」
（妄想中）。

かぼちゃココナッツ

La coco au potiron

材料
（2人前）

食パン　2枚（4枚切り）
かぼちゃ　100g（卵液用）、100g（ペースト用）、100g（トッピング用、お好みで）

ココナッツ豆乳卵液
かぼちゃ・100g／卵・2個／砂糖・大さじ1／ナツメグ・小さじ½／カレー粉・小さじ1／塩・少々／ココナッツミルク・150ml／豆乳（無調整）・50ml

かぼちゃペースト
かぼちゃ・100g／塩・少々／メープルシロップ・大さじ1½

バター　適量

＊かぼちゃの分量は正味量。

トッピング（お好みで）
かぼちゃをスライスしバターでソテーしたものや、アーモンドスライスのプラリネ（104ページ参照）など。

作り方

1. かぼちゃは切りやすくするために、ラップで包み電子レンジ600Wで2分加熱する。卵液用、ペースト用、トッピング用に3等分しわたと種を取り除く。トッピング用以外は皮をむき、2cm角程度に切り、耐熱容器に入れ、やわらかくなるまで600Wで5～6分加熱し、それぞれマッシャーでつぶしておく。トッピング用のかぼちゃは皮つきのまま3mmの厚さにスライスし、盛りつける直前にバターかオリーブオイル（分量外）でソテーする。

2. 卵液用のかぼちゃをボウルに入れ、その他のココナッツ豆乳卵液の材料を入れ、なじむまでよく混ぜる。

3. ペースト用のかぼちゃに塩とメープルシロップを入れ混ぜておく。

4. パンに切り込みを入れてから密封袋に入れ、2も入れて1時間浸す。途中30分程でひっくり返す。もしくは、電子レンジを使ってパンにしみ込ませる（59ページ〈電子レンジを使う時短法〉参照）。

5. フライパンにバターを熱して、パンを焼く（59ページ参照）。

6. 5に3を詰め、食べやすい大きさに切って皿にのせ、お好みでトッピングする。

強い女がいい女？

「パリの女性って強そうだよね。怖そう」

よく聞きます。実際はどうか？。。強いです。強くないとだめなんです。にこにこ、ふわふわ歩いている女性はほとんど見ません。メトロでも、街でもみんな一人で歩いている女性はしかめっ面《つら》して、カッカッカッカと早歩き。なぜか？

それでは、またしてもピンチのお話です。

私がパリでの生活を始めたばかりのときのエピソードです。あれは忘れもしない、12月31日。翌日は元日です。一緒に住む弟とその友達のためにご馳走でも作ってあげようと、３区にあるマルシェ・レ・ザンファン・ルージュでどっさり食材を買った後、近くにあるお花屋さんでお花を買って、コーヒー屋さんに寄らなくてはとルンルン。昼下がりのサン・ポールを歩いていました。いいお天気でたまに青空を仰ぎながら。「ああ、私！　パリにいるんだわ !!」。にこやかに歩いていました。すると、背後からダッダッダッダ！　誰かが走ってくる音がする。

ん？

すごいスピードで私に向かって黒人の若者が走ってきます。驚いてあたりを見回すと誰もいない街角 !!!　はっと振り返ると、もう私の背後にぴったりくっついている。私の右手にかかっていたハンドバッグをつかんでいます。

「NOOOOOOOOO!!!!!　NOOOOOOO!!　（いやあああああ !!!!!　いやあああ！！）」

きっと私はすごい声で叫んでいました！　怖くて怖くて、バッグを渡してしまいたいのに、無駄にたんでんに力が入ってしまい、先ほどまでのルンルン気分で買ったお花の袋が邪魔して渡せません !!　きっとその間もずーっと、舞台で培ってきたであろう、ありえない叫び声で叫んでいました。そのうち幼い頃習っていた柔道魂が蘇《よみがえ》ってしまったのか、そうでなかったら何を思ったのか、私の足が勝手にその泥棒のお腹を蹴っ飛ばしてしまったのです。泥棒は少し飛びました。しかし、私はその直

後にすぐ後悔しました。泥棒がすごーく怖い顔をしたのです！

殺される！

そう思った私。すべてがスローモーションになりました。こいつが銃を取り出したら最後。本当のピンチです。私は必死で謝りました。

「JE SUIS DESOLEE! JE SUIS DESOLEE!（ごめんなさい！　ごめんなさい！）」

泥棒は私のお腹を蹴飛ばし、私は倒れ、泥棒は私に馬乗りになりました。

はい。終わった。

と思った瞬間、泥棒がぱっと手を離し、駆け出していきました。

パニックって怖いですね。私は何を思ったのか、すぐさま立ち上がり、それでもなお、くしゃくしゃぐちゃぐちゃになった買い物袋をぶら下げて、泥棒を追いかけていったのです。馬乗りされた怒りとパニック状態からの行動でしょうか。。。絶対まねしないでくださいね。

ふと後ろを見ると、３人の男性が追いかけてくる。

？？？

なんだかおかしな絵です。

1、泥棒　2、私　3、３人の男性

そのうち、私は３人の男性に捕まり、フランス語で何か言われました。わからないと思うと、すぐさま英語で、「何をとられたの ?! 」。私はふと我に返り自分の手元を見ました。無残な姿になったお花の袋とぶらぶら揺れる私のハンドバッグ。。「何もとられてない ???」と涙があふれ出て、腰が抜けてしまいました。私を抱きとめ抱きしめる男性。「大丈夫？

一緒に警察に行く？」。私の背中を優しくさすりながら多分そう言っています。でも、私はもう帰りたくて仕方ない。その旨を伝えると、「僕が送っていくよ」と顔を見ると、なかなかのイケメン。でも、そんなことはどうでもいい！　もしかしたら、こいつもグルかもしれない！「ありがと、でもいいわ!!」。一人で立ち上がり帰ろうとすると、「じゃあ、お茶をしようよ！」「後日でいいからさ！　電話番号は?!」。

アプローチしてくる優しいイケメン王子様に背を向け、私はつぶやきました。

「さすがフランス」

それからというもの、私の街を歩く歩調は速くなり、凛《りん》とした姿勢。危険を感じれば顔はなるべくしかめっ面。どんなイケメンでも背後から近づいてくる人には舌打ち。私はラッキーだった。無事だし、何もとられなかった。イケメンとの出会いは逃したけど（笑）。最初の頃にそんな経験をしたから、それ以来注意、警戒をせざるを得なくて、それほど怖い経験はしていません。

美しい街パリですが、泥棒が非常に多い街です。特にアジア系の女性は弱くておとなしいと思われ（そうでもないのにね！）狙われるケースが多いです（なめんなよ！）。強い女はいい女。はっきり「NO」と言える女が魅力的。生きてゆく術《すべ》を身につけ、自分の身を自分で守れる女性でいたいですよね。そうすれば、本当に心許した男性だけに見せる笑顔が格別のものになるはず。

4

Quatrième Partie

パン・ペルデュに寄り添って

ただただ、大切な人を笑顔にしたくて。喜んでもらいたくて。
いろいろな食材と出合えば興味を持って、
それらをどう料理して変身させるか想像する。
レシピを決めたら料理の手順をイメージする。
ただただ、おいしいものを作るだけではなく、驚かせたくて。
いろいろな人と出会うとその人に興味を持ち、
彼らをどの料理で驚かせてしまおうかと想像する。
食材の一つひとつの味と組み合わせをイメージする。
成功のもと？　失敗も繰り返し気づけば、コツがわかってきて、
いつの間にかお料理上手って言われてしまうようになっていた私。

せっかく出会えた皆さんにチャレンジしていただきたい
のは、自分の味を見つけること。
お好きなパン・ペルデュに
お好きなトッピングを添えていただいて、
皆さんだけのパン・ペルデュを作っていただきたい。
そんな願いも込めながら、
シンプルなパン・ペルデュに添えるだけで、
もっとおいしくおしゃれに
あなたらしいプレートに大変身してしまう、
そんな心強いレシピをご紹介。
お料理上手な女子、もしくはお料理上手に
なる予定の女子、必需アイテムです。
お好きなようにパン・ペルデュに
寄り添わせてみて。

La Garniture

LA GARNITURE とは、フランス語で「飾り」や「つけ合わせ」を意味します。
パン・ペルデュと一緒に召し上がったら、きっともっと幸せな気持ちになっちゃう。
そんなつけ合わせレシピや、ソース、クリームのレシピを提案してみました。
ほかのお料理にもアレンジできるお役立ちレシピです!!

RITZ(リッツ)の カスタード・クリーム

パリで学んだ "幸せ" クリーム。

made with love

Créme Pâtisserie au Ritz

材料

（作りやすい分量）

牛乳	500ml
バニラビーンズ	１本 （縦半分に切ってナイフでしごいて種を取り出す。 さやも種も両方使う）
グラニュー糖	80g
卵黄	６個分
薄力粉	大さじ３
カスタードパウダー	25g（なければ市販のプリンパウダーで代用）
バター（無塩）	70g

作り方

1. 大きめの鍋に牛乳とバニラビーンズの種とさや、半量のグラニュー糖を入れ、少しかき混ぜてから、中火〜強火にかける。

2. 大きめのボウルに卵黄と残りのグラニュー糖を入れ、泡だて器で混ぜる。薄力粉とカスタードパウダーも加え、しっかり混ぜておく。

次のページへ続く！

3. 1の牛乳が沸騰して、盛り上がってきたら（A）火から下ろし、ざるなどで漉しながら2のボウルに一気に注ぐ（B)。卵がだまにならないように手早く泡だて器でよく混ぜ合わせる（C)。

A

B

C

4. 3をもう一度漉しながら鍋に戻す(D)。中火〜強火にかけて泡だて器で混ぜながらクリームに火を通していく。ふつふつとクリームが沸騰してきたら、約１分は泡だて器で鍋肌に焦げつかないように混ぜ続ける(E)。

D

E

5. クリームに照りが出てきたら（**F**）、バターを入れて混ぜる。
クリームが鍋からはがれてきたら火から下ろす（**G**）。

F

G

クリームが
はがれてきたら
OK！

6. **5**をラップをしいたバットに流し入れ（**H**）、
上からもラップをかけて冷蔵庫で冷やす。

H

Kanae Point

使用するときは、泡だて器でゆっくり混ぜてなめらかにしてから使いましょう。

目指せ!!
とろける口溶けの
カスタードクリーム。

リッツホテルで最初に習ったクリーム

冷めたカスタードクリームを泡だて器でなめらかになるまでゆっくり混ぜて、しっかり泡だてた同量のホイップクリームと合わせて泡だて器でクリームをつぶさないようさっくり混ぜます。口溶けがたまらない。魅惑のクリームになりますよ。ふ。ふ。ふ。

キャラメル
チョコレートソース

Sauce Caramel
Chocolat

たまにはあまーいの欲しいでしょ?

材料
（作りやすい分量）

生クリーム	200ml
牛乳	100ml
バニラエッセンス	適量
ダークチョコレート	150g
塩	小さじ½
砂糖	200g
メープルシロップ	大さじ３

作り方

1. 生クリーム、牛乳、バニラエッセンスを鍋に入れ中火～強火にかける。
2. ボウルに刻んだチョコレートと塩を入れておく。
3. フライパンに砂糖とメープルシロップを入れて中火～強火にかけ、キャラメルにする。木べらで混ぜながら、濃い茶色になるまで混ぜ続ける。いい色になったら、火を止める。
4. 3のキャラメルに1の温めたクリームを少しずつ入れ、そのつど混ぜる（一気に注ぐとあふれ出してしまう）。キャラメルソースのでき上がり。
5. 4を2に一気に注ぎ入れ、ゴムべらでチョコレートを混ぜ溶かす。キャラメルチョコレートソースのでき上がり!!

Kanae Point

3でしっかり色をつけないとキャラメルの味がぼやけてしまいます。

“恋茶色” 濃い茶色

甘いパン・ペルデュのあまーいアクセント!!
自分を甘やかしちゃう!!

とっても便利な
このソースは、
勝野ママの味。

ママのトマトソース
Sauce Tomates Maman

材料
（作りやすい分量）

ベーコン	200g
オリーブオイル	100ml
にんにく（みじん切り）	３片分
赤唐辛子（種を除いて小口切りに）	２本分
白ワイン	100ml
ホールトマト缶	２缶（800g）
ローリエ	２枚
塩	少々
砂糖	大さじ２

作り方

1. ベーコンは粗みじん切りにする。

2. 鍋にオリーブオイル、にんにくを入れてから弱火にかけ、炒める。香りが出たら、ベーコン、赤唐辛子を加え、こんがりするまで炒める。

3. 白ワインを加えてひと煮立ちさせたら、トマト缶を汁ごと加えてよくつぶす。ローリエを入れる。煮立ったら弱火にして、たまに混ぜながら、⅔の量になるまで煮詰める。

4. 塩、砂糖で味を調える。

Kanae Point

パン・ペルデュに添えるだけでなく、パスタに絡めたり、お肉のソテーにかけたり、いろいろな料理に本当によく合います。
御殿場に住んでいた頃、学校から家に帰ると、にんにくの香ばしい香りとトマトの甘酸っぱい香り。そして、ローリエのおしゃれな香り。
「ママが家にいる!!」
赤いほっぺをさらに赤くして、踊りながら母に抱きついてましたね。
おいしい香りって、いつまでも覚えているものですね。

ミートソース

Sauce Bolognaise

お料理上手さんの
勇気100倍アイテム。

材料

（作りやすい分量）

オリーブオイル	大さじ１
すりおろしにんにく	１片分
玉ねぎ（みじん切り）	１個分
タイム（あればフレッシュ・タイム）	小さじ１
塩	ひとつまみ
牛ひき肉（または合いびき肉）	300g
トマトペースト	100g
砂糖	大さじ１
赤ワイン	大さじ１
クミンパウダー、ナツメグパウダー	各小さじ１
トマトケチャップ	大さじ１
塩、胡椒	各適量
フレッシュ・ローズマリー	適量

作り方

1. フライパンにオリーブオイル、すりおろしにんにく、みじん切りにした玉ねぎを入れ、タイム、塩を加え、中火で玉ねぎがしんなりして透き通ってくるまで炒める。

2. 1に肉、トマトペースト、砂糖を加え炒める。

3. 赤ワインを加えて、火を少し強め、アルコールを飛ばす。

4. クミンパウダー、ナツメグパウダーを振り、ケチャップを加える。焦げないように火を調節しながら加熱する。

5. 塩、胡椒で味を調える。刻んだローズマリーを加え、水分を飛ばしながら煮詰める。

Kanae Point

何にでも使える風味のいいミートソースのでき上がりです!!!
フレッシュ・タイムは枝を爪でしごいてやわらかい部分を使いましょう。
ドライ・タイムを使うときは、香りを最大限に引き出すために、
すり鉢ですって使用するか、包丁で刻んでから使いましょうね。

えー！
手作りなの？……
ほめられアイテム。

セミドライトマト
Tomates Confites

材料
（作りやすい分量）

トマト	中12個
塩	小さじ½
胡椒	適量
砂糖	大さじ1
フレッシュ・タイム	５本 （ドライ・タイムの場合は小さじ２）
にんにく	３片
オリーブオイル	大さじ１

作り方

1. オーブンを160℃に予熱しておく。
2. トマトを湯むきし、４等分に切り、種は取り除く。
3. **2**に塩、胡椒、砂糖、タイム、切り目を入れたにんにくを皮ごと入れて、全体を菜箸などでなじませる。オーブンシートを天板にしき、汁ごとのせる。
4. オーブンで約１時間焼く。途中で様子を見ながら焼き、汁が蒸発したらでき上がり。
5. 密封できる容器に入れ、オリーブオイルをかける。冷蔵庫で１週間保存できる。

Kanae Point

パスタに使ったり、サラダに使ったり、
炊き込みごはんなんかに使って
みちゃったり。
もちろん！ パン・ペルデュにもバッチリ！！

SERVICIO INTERNACIONAL
1
DIC
DE CORREOS
簡単なのに
心とろける
リッチなお味。

プルーンの赤ワイン煮

La Sauce Pruneau Cuit Le Vin Rouge

材料

（作りやすい分量）

種なしプルーン
300g

八角　２個

シナモンスティック
１本

赤ワイン
450ml

メープルシロップ
（または蜂蜜）
お好みで

作り方

1. オーブンシートで落としぶたを作っておく。

2. 種なしプルーン、八角、シナモンスティック、赤ワインの順にフライパンに入れていく。落としぶたをして、中火で約40分煮詰める。ジューッと音がしてきたら火を止め、八角とシナモンスティックを取り出す。

3. 弱火にし、木べらなどでプルーンをつぶしながら水分を飛ばし、粗いペーストにする。

Kanae Point

すっぱいのがお好きでしたらそのまま。ホイップクリームなど添えて、
パン・ペルデュを召し上がれ。

甘いほうがお好みでしたらメープルシロップでのばして。
ヨーグルトに添える場合もメープルシロップでのばしたほうがいいですね。
色々工夫して、あなただけのプルーンの赤ワイン煮にしてくださいね。

困ったさんの
強い味方!!

アーモンドスライスのプラリネ

Praliné La Tranche D'amande

材料

（作りやすい分量）

アーモンドスライス
90g

メープルシロップ
大さじ３

ラム酒
大さじ１

塩　適量

作り方

1. オーブンを 160℃に予熱しておく。

2. オーブンの天板にオーブンシートをしき、アーモンドスライスをのせる。上からメープルシロップ、ラム酒をそれぞれ回しかけ、塩を全体に振る。

3. オーブンで 16 ～ 18 分焼く。途中、フォークなどで混ぜる。

4. アーモンドの香りがしてきて、きつね色になったらオーブンから出して、冷ます。

Kanae Point 1

様々なレシピで使える
アイテムです!!
パン・ペルデュはもちろん、
カレーにもいいアクセントに
なります！
サラダやお肉、お魚のソテー
に添えたら、それだけで
いつものお料理が
イケてる料理に!!
やったね！

Kanae Point 2

塩は重要！　味の決め手！
全体にラム酒とメープルシロップの
風味をしっかりつけましょうね。

レモンクリーム

Crème Citron

恋のお味?
甘酸っぱさに
胸きゅんきゅん。

材料

（作りやすい分量）

砂糖	120g
卵	2個
レモン汁	約50ml（2個分）
バター	150g（常温でやわらかくしておく）
ライムの皮のすりおろし	約5g（2個分）

作り方

1. 鍋に砂糖、卵、レモン汁を入れ、よく混ぜ合わせる。弱火〜中火にかけ、約3分、卵がだまにならないように泡だて器でかき混ぜ続ける。
2. とろとろになったら、火を消し、バターを入れる。
3. 最後にライムの皮を入れて、混ぜる。ラップをしいた容器に入れて冷蔵庫で冷やす。

Kanae Point

音楽をかけて、腰を振りながら。
HULA でもいいですよ！
冷ましたら、パン・ペルデュにかけて、召し上がれ。
すべてを混ぜ合わせ美しいレモン色のクリームにしましょうね（急いでいるときは冷凍庫でもいいですが、忘れないように注意しましょうね）。

味見には気をつけてね。
おいしくて止まらなくなってしまうから。

パン・ペルDOOOOON(丼)!

Pain Perdu DOOOOON

父さんビックリ!
とんでもなくおいしい、
インスタントごはん!!

材料

(作りやすい分量)

甘くない卵液
50 ～ 100ml

ごはん　茶碗1杯分

パクチーまたはねぎ
適量

醤油　少々

バター　少々

作り方

1. パン・ペルデュを作って残った卵液を電子レンジ対応の容器に入れ、600Wで3～4分加熱。加熱しすぎると、卵が分離してしまうこともあるので注意する。

2. 熱々ごはんに1と、パクチーを手でちぎって、またはねぎの小口切りをたっぷりのせる。醤油をかけ、バターをのせる。

Kanae Point

残った卵液ってめっちゃおいしい!!!
ごはん派のお父さんの朝ごはんにぴったりね。
ホタテの缶詰やカニの缶詰を
加えて加熱すれば、
ふわふわホタテ卵やカニ卵に。

ココ・キャロット・ドレッシング

Coco Carotte

女子力UP!!
美人ちゃんの
ドレッシング。

材料

（作りやすい分量）

ココ・にんじんペースト
にんじん・2本／ココナッツ缶・½缶／ライム（絞り汁）・½個分／塩・ひとつまみ(約1g)／カレー粉・大さじ1強

オリーブオイル
大さじ1

白ワインビネガー
小さじ1

塩、胡椒　各適量

作り方

1. にんじんは皮をむき、ミキサーにかけやすいように切る。
2. ミキサーに、1とその他のココ・にんじんペーストの材料をすべて入れ、なめらかなペースト状にする。
3. 2をボウルに入れ、オリーブオイルと白ワインビネガーを加え混ぜ、塩、胡椒で味を調える。

ココ・にんじんペーストは
白身魚のソテー、カレーを作るときの
アクセントなどにも活用できる、技ありアイテム!!
これであなたも一本勝ち。一本!!
美肌効果やアレルギー抑制効果、
体温め効果が期待できるペースト。
にんじん、う～～～んにんじん大好き!!
＊しょっぱくなりすぎたら、みりんを少し
入れてみて。味がマイルドになります。

ジェノバ・ドレッシング

La Vinaigrette Basilic

まあ、つまり、
フレッシュ・バジル・
ドレッシング。

材料

（作りやすい分量）

にんにく	小１片
フレッシュ・バジル	30g
松の実	40g
パルメザンチーズ	15g
オリーブオイル	150ml
塩	1g
白ワインビネガー	大さじ1

作り方

1. にんにくを半分に切って、芽の部分を取り除く。バジルはさっと洗って、葉を摘んでおく。
2. 松の実、にんにくをミキサーに入れ、ペースト状にする。
3. 2にバジルの葉、パルメザンチーズ、オリーブオイルを加え、必要ならばときどき菜箸などで混ぜながらきれいな緑のペースト状にする。
4. 3に塩と白ワインビネガーを加え、ミキサーで一回ししたら、でき上がり。

Kanae Point

お好みのサラダによく絡ませて、召し上がれ。
すぐに召し上がるのが一番おいしいですが、
保存する場合は、密封できる容器にラップをしいて、
ペーストを入れ、上からラップを密着させて保存してくださいね。再度使うときは、適量のオリーブオイルで少しのばすとサラダに
絡みやすいですよ。

バルサミコ・ソース

La Souce Balsamique

ちょっと何か足りないときはこれ。

材料

（作りやすい分量）

バルサミコ酢	大さじ3
白ワイン	大さじ1

作り方

1. 小鍋、もしくは小さめのフライパンにバルサミコ酢と白ワインを入れて、⅓の量になるまで煮詰める。それ以上加熱すると、焦げてしまうので注意する。

Kanae Point

味見に注意!!
冷めてから味見しましょうね。
すごく熱いです！
舌をやけどしますよ！(経験者)

チーズやパスタ、お肉料理、
お魚料理、サラダ、
何にでも合います！
覚えておくととっても
便利ですね！

ラスク・クロワッサン

Biscotti du Croissant

ラスクだって
作れちゃう!!

Kanae Point

気がつけば、勝手にさくさく
ラスク・クロワッサンのでき上がり！
メープルシロップとバターはいつも同量。
足りなくなったら同じ手順で作ってくださいね。
＊ブリオッシュ、バゲット、パン・ドュミ、
様々なパンでお楽しみいただけますよ。

材料

（作りやすい分量）

クロワッサン	２個
メープルシロップ	大さじ５
バター	50g

作り方

1. オーブンは 100℃に温めておく。
2. クロワッサンは、斜めに４～５等分に切る。
3. 小鍋、もしくは小さいフライパンにメープルシロップとバターを入れ、中火でバターが溶けるまで煮詰める。
4. 切ったクロワッサンを３にくぐらせ、オーブンシートをのせた天板に並べ、様子を見ながら80分程焼く。

タイムの香りは
フランスの香り〜♪
tyme d'ail

タイムとにんにくのクルトン

Croûtons Thym d'ail

材料

食パンの耳	２枚分
薄力粉	適量
にんにく	１片
オリーブオイル	小さじ１
フレッシュ・タイム	３本
バター	15g
塩、胡椒	各適量

作り方

1. パンの耳は１～1.5cm角に切って、薄力粉をまぶしておく。
2. フライパンに皮つきのまま切り込みを入れたにんにく、オリーブオイルを入れ、中火にかける。
3. にんにくの香りがたってきたら１を入れ、全体に焼き色がつくまで焼く。
4. タイム、バターを入れ、香りをつける。塩、胡椒をして、色、香りがお好みに仕上がったらでき上がり。

Kanae Point

クルトンはスープやサラダに入れてお楽しみくださいね。残ったパンがあったら、ぜひ作ってみてください！

CROUTONS

我が家の食卓では、大活躍の便利な一品です。
余ったパンをクルトンに変身させておけば、
おいしいおやつになったり、気の利いたおつまみになったり、スープやサラダにはもちろん、
細かく刻んで普段のお料理のアクセントにもってこい！！
密封できる容器に入れて、冷蔵庫で保存しましょうね。

旅で出会える「強い私」

運転免許を取ったのは確か20歳のときだったかな？

様々な危機に出くわしました。まずは、初めてのコインパーキングでの駐車。全然できなくて、挙句の果てには途中で車輪ストッパーが上がってしまう。お金を払いに行って気を取り直してもう一度チャレンジ。投げやりになったせいか、思い切ってハンドルを切ったら、変なところにタイヤが上がってしまい。。。。車輪ストッパーがまた上がる。

「ふー」

と辺りを見回すと、どう見てもその状況を小ばかにした様子で楽しそうにタイヤと車と私の行く先を窺《うかが》っている見物人、若いお兄さんがいました。少しかちんときた私。車から降りてお兄さんに言い放ちました。

「すみません。はい。あなたです。ご覧のとおり、どうにもならないので、運転してもらえますか？　私お金払ってくるので」

驚いた様子のお兄さん。きょとん顔で、

「あ。はい、、、」

こうして、一件落着！　お兄さんは上手に慎重に車を駐車してくれたのでした。よかった。よかった。

そんなエピソードもあって、私は運転が下手という間違った(？)イメージがつきました。私の両親も姉弟も義理の兄も私が運転すると言うと、

「大丈夫？　送ってあげるよ」

と、なかなか私の運転技術を信じてくれません。

そんな私ですが、一人で異国に行き、車を借りて、運転し生活しなくてはならない試練がやってきたのです。

場所はタヒチ。タヒチアンダンスの世界的な祭典で、地元のダンスチームと共に踊るという、3カ月のダンス修業の旅でした。タヒチはフレンチ・ポリネシアであって、言語はフランス語です。車走行のルールもフランスと一緒。国際運転免許は持っているものの、フランスの交通法規は日本のそれとかなり違うので危険な場面、戸惑う場面に数多く遭遇し

ました。特に、信号のない円形交差点（ロータリー）は本当に毎回戸惑いました。。。左折車はグルッとロータリーを回らなくてはならなくて、その間にも車線変更をしなくてはならず、その上、地元車は結構飛ばす。一度入ったら抜け出せない錯覚に陥ります。ロータリー手前でいつもお腹にグッと力が入り、息を止めていました。今日は大丈夫か！　いつもクラクションの嵐です！　タヒチのドライバーの皆様ごめんなさい。。というか、私にルールを教えて。

異国に行って、運転することは、きっと、誰にとってもちょっとした試練。でも私はこの試練のときほど、自分の生命力を感じ、自分の中の強さを感じるのです。夜、家の鍵をなくし、アパートに入れず、その日に行動した場所を必死に探した一人ぼっちの車中でパニックで泣きそうになった私を慰め、励ましたのも私の中にいるもう一人の「強い私」でした。

「大丈夫！　私がいる !!　何とかなる！」

自分の腕をさすりながら、声に出して言ったものです。すると、不思議と落ち着きました。

奇妙な言い方かもしれないけど、パリでもタヒチでも自分自身にとても助けられました。きっと、どんな試練も乗り越えていける、そんな勇気と自信がつきました。それもこれも旅に出ていなければ見つけることはできなかった自分の強さ。運転していなかったら出会えなかった「強い私」。

きっと、私はこれからも、そこに道があればどんな道でも突き進んでいくでしょう。その先に円形交差点（ロータリー）があろうとも、コインパーキングがあろうとも！　もう、へっちゃらです。

因《ちな》みに、なくした鍵は夜中の零時過ぎに、アパートのゴミ収集所で見つけました。朝、ゴミを出したときに手に持っていた鍵も一緒に出しちゃったみたいで。。。。

「ね。何とかなったでしょ？」

例の「強い私」がつぶやきました。

最高のパフューム

リッツホテル従業員口のあるカンボン通りで、最高のパフュームを教えてもらいました。

学校帰り、もしくは研修帰り、からからの喉を潤しに友達と立ち寄るのは、カンボン通り沿いにあるカフェです。ジルお兄さんのお店です。丸刈りのダンディな優しいジル。そして、白いおひげで軽快にテキパキと給仕してくれるアマジに会えるお店です。二人とも大好き。

その日も、一緒にお茶をして帰ろうと弟の洋輔と待ち合わせしていました。一日中魚をさばいていたその日、寒いところで丸一日作業していたので、体が冷え切ってしまい、温かい飲み物が欲しくて、弟の待つジルの店に急ぎました。

お店に入って、弟にビズ（フランスの挨拶：右ほほと左ほほを１回ずつ交互に重ねる）、その瞬間に言われてしまった。

「姉ちゃん！　魚臭い !!」

しまった。そうかとは思っていたが、やはり臭いか？　一日中魚の中にいたから、もう私の鼻は麻痺していました。

すると、ジルが近づいてきました。いつもどおり私にビズをしようとします。しかし私はそれを制します !!

「だめ！　今日はだめなの！　魚臭いから、ビズなしで !!」

すると、ジルはにっこり笑ってこう言います。

「やっと最高のパフューム（香水）を身につけられる女性になったね」

今言われたフランス語を必死に理解しようと目をぱちぱちしている私にいつもと同じビズをして、

「温かいカフェ・クレーム（ミルクコーヒー）でしょ？」と立ち去っていくジル。ほれてまうやろ?!!

CHANEL「No.５」の香水の生まれた場所の目の前で、もしかしたらCHANEL「No.５」より価値のある最高のパフュームを身につけてしまった私だったのでした。

あるシェフの一言

私の大好きなシェフの一人です。パティスリーのシェフであり、私の先生でもありました。すべての動きに無駄がなく、完璧に美しいお菓子、ケーキを時間どおりに仕上げていく。惚れ惚れしてしまう仕事ぶりのシェフでした。

そのシェフが私たちの卒業のときに言った言葉を私は絶対に忘れないでしょう。

「君たちにリッツのレシピは全部あげた。仕事の仕方も君たちはもう学んだ。じゃあ、君たちは何をすべきかわかるかい？　新しいチャレンジをすることだよ。君たちは今から新しい味を見つけていくんだよ。そして、世の中の人を楽しませていくんだよ」

私が絶対に忘れるはずのないこの言葉。ここにも刻んじゃおう。

旅は始まったばかり

２年間にかけて、日本とパリを行き来し、パリの生活もリッツホテルの修了証を得たことにより一段落。と思いきや！　そうはいかないのが私です !!　疲れなんて何のその！　エネルギー満タン !!　今はたくさんの出会いや学んだこと、経験したことに身が満たされてあふれ出してしまいそうな感覚。でも、どう皆さんに伝えたらいいか、立ち往生していたところに出合えたのがこの企画でした。当たり前なのかもしれないけど、すべてが手作り。

こんなにも一つひとつに愛情を込めることのできる作品に出合えたことが嬉しくて嬉しくて。この本に携わるすべての方に心から感謝しています。

まだまだ旅は始まったばかり。一つでも多くのおいしい幸せが皆さんに伝わりますように。ひと時ひと時を大切に輝くものにしていきたいと思っています！

今日もおいしいアイデアがまた一つ！　それもこれも皆さんのおかげ

MERCI!　ET　BISOUS!!!（ありがとう！　ビズ !!!）

家族の話

「私たち家族は一心同体。雅奈恵が何か道にそれたことをしたら、みんな一緒に道をそれるからね。それでもいいなら、どうぞ」

御殿場で過ごした思春期に母に言われたずっしり重い一言。

私は東京・青山で生まれた後、両親と姉と御殿場に移住。翌年には弟ができて、家族５人と父のお弟子さん、たくさんの動物たちと共に富士山と箱根の麓《ふもと》、御殿場で上京する16歳まで生活していました。

御殿場の我が家は本当に山の中にありました。今はだいぶ開発されて、道路も整備され、街灯も増えましたが、昔は本当に山。夜は真っ暗。夜空には降ってくるのではないかと思うくらい星があふれていました。ムササビも飛んでいたし、鶏を襲いにきつねもよく登場しました。たまに部屋の前に置かれる猫からの貢ぎ物は、隣の東山《ひがしやま》湖《こ》の虹鱒《にじます》か、気の毒なモグラ。そして蛇の抜け殻もありました。

山の中に入っていかないように私たちはいつも大人たちから「山にはやまんば（怖い妖怪）がいるから、入ったらいけないよ」と教わって育ちました（怖かった）。

両親は二人とも仕事をしていたので、御殿場から東京、東京から御殿場と、それぞれその日の仕事場まで車で通っていました。父も母も家にいないことが多かったはずなのに、なぜか寂しい思いをした記憶はありません。私には、大好きな格好いい姉とめちゃくちゃかわいい弟がいましたし、両親は忙しく、我が家での滞在時間が少ないのがわかってい

ても、必ず帰ってきてくれていました。

田舎での生活の中で私たちは確かに一心同体でした。お互いを守り、それぞれが役割を果たす。たとえ一人でも欠けてしまったら、その時点ですべてのバランスが崩れてしまったでしょう。

たくさんの自然と愛情にあふれていた御殿場の生活。どこかで、それを失うことがいつも怖かった。だから、思春期のころ、門限を破ったり、うそをついて友達と遊びに行こうともくろんでいたりするのをいとも簡単に見破る母の言葉は本当に重かった。重く響きました。

母の言ったとおりでした。姉が亡くなったときは本当に家族のバランスが崩れかかったのです。大切な人を失う恐ろしさを知ってしまいました。でも、後に、姉は旅立っても失ったわけではないことに気づきました。

多くの人からいただいた愛情。たくさんの喜び。笑顔。。。

今までは、失うことを恐れていた私ですが、これからは自分で作って得ることを喜びとしようと考えているのです。

いつか、きっと御殿場の我が家に遊びにいらしてくださいね。私の笑顔の源、すべての行動の動機は家族のもと、御殿場の我が家で生まれたのです。

母のキルト・ミュージアムとして、そして、私のカフェとして私たち家族によって守られています。今度はそこで、皆さんの笑顔が生まれることを願いながら。。。

スタジオＫキルトミュージアム＆カフェ

静岡県御殿場市東田中3363-6
電話0550-82-2600
JR御殿場線御殿場駅からタクシーで５分
駐車場あり（無料）
営業時間：10:00～17:00（閉館18:00）
入館料700円、中学生以下無料
定休日：第３火曜
（年末年始休、GW・盆時期は営業）

左から遊馬 光季　高橋 美帆　鵜ノ澤 麻弥　著者

Profile

勝野雅奈恵 ★かつのかなえ　*Kanae Katsuno*

1982年東京都出身。父は俳優・勝野洋、母はキャシー中島という芸術一家の次女。
1998年大林宣彦監督「風の歌が聴きたい」でスクリーンデビュー。その後、多数の大林作品に出演。大学進学後半年間アメリカに留学。帰国後は、市川崑監督「かあちゃん」他映画や舞台、TVにも多数出演。その傍ら、13歳で始めたフラダンスではソロダンサーとして活躍。プロのフラダンサーを養成するためのスタジオ「TE HONO」を開校し、後進の指導をしている。
2011年にはフランスパリのホテル・リッツにある『エコール・リッツ・エスコフィエ』のスペリオールコースのディプロマを取得し、料理、スイーツ、パンなど食のすべてにおいてレシピや調理方法等を多方面でプロデュースしている。御殿場の「キャシーマムカフェ」では常時雅奈恵レシピのケーキを食べることができる。

恋するフレンチ・トースト
魅惑のパン・ペルデュ

2013年12月10日　第1刷発行

著　者　　勝野雅奈恵
発行人　　見城　徹
発行所　　株式会社　幻冬舎
　　　　　〒151-0051　東京都渋谷区千駄ヶ谷4-9-7
　　　　　電話　03-5411-6211（編集）03-5411-6222（営業）
　　　　　振替　00120-8-767643

印刷・製本所　　近代美術株式会社

検印廃止

万一、落丁乱丁のある場合は送料小社負担でお取り替えいたします。小社宛にお送りください。
本書の一部あるいは全部を無断で複写複製することは、法律で認められた場合を除き、著作権の侵害となります。
定価はカバーに表示してあります。

©KANAE KATSUNO,GENTOSHA 2013
ISBN978-4-344-02500-4 C0077
Printed in Japan
幻冬舎ホームページアドレス　http://www.gentosha.co.jp/
この本に関するご意見・ご感想をメールでお寄せいただく場合は、comment@gentosha.co.jp まで。